汉竹编著 • 亲亲乐读系列

爸爸的声音
最好的胎教

汉竹　　编著

江苏凤凰科学技术出版社
全国百佳图书出版单位
·南京·

前言

爱，是宝宝成长的最好养料；胎教，是爸爸妈妈表达爱的最好方式。

一副聪慧的头脑、一个开朗的性格，是胎教最直接的结果，也是宝宝一生受益的无形财富。

胎教，从来都不是复杂的事。从某种意义上来说，爸爸妈妈的爱就是胎教。爸爸妈妈做出的任何爱的举动，宝宝都能感受到，成为他（她）成长的养料。

但很多时候，妈妈在胎教中参与的多一些，爸爸参与的少一些。其实，每天生活在妈妈腹中的胎宝宝，更渴望与爸爸“交流”，希望能听到爸爸的声音，得到爸爸的关注。

所以，如果爸爸能每天花几分钟时间跟宝宝说说话，让他感受到爸爸的关心与爱，让他能听到爸爸低沉、富有磁性的声音，他会成长得更健康、更快乐。

生活中，大部分爸爸没做过胎教，不知道从何做起，对胎教无从下手。不要担心，翻开这本书，每天只要几分钟，就能轻松完成它。给胎宝宝读一读书中充满智慧的小故事，跟宝宝一起聆听舒缓的世界名曲，或为宝宝朗读一首优美动听的诗歌……只需要简简单单地跟着书中的内容去做、去读，就能给宝宝带来最好的胎教。

每天几分钟，静下心来，一起享受属于三个人的幸福时光。

极品准爸爸爆笑胎教语录

胎教场合	准爸爸胎教语录	孕妈妈有话说	这样胎教才合适
准爸爸出差前	宝宝，爸爸不在，你要听妈妈的话。爸爸在，就不要听妈妈的，只听爸爸的话	刚想给他打个一百分，瞬间就降为零分了，哈哈	准爸爸出差前，一定要记得跟宝宝做简短的告别哦，比如抚摸妻子的肚子（见书中第 178 页），还要记得常打电话问候母子
准爸爸知道胎教很重要之后	宝宝，我是爸爸，今天我们要讲的主题是看电视，好，现在开始看电视，你要安静点哦	看到他一本正经的样子，真是又气又笑	准爸爸可别总看电视、玩游戏而忽略了母子哦，赶紧给孕妈妈朗诵一首抒情诗（见书中第 142 页）弥补一下吧
随时随地	宝宝，以后你出来了，一定要叫妈妈把工资卡还给爸爸	这就是我家那位极品准爸爸的胎教，得给他好好上上课啦	还不还工资卡，就要看准爸爸的表现喽，讲故事（见书中第 40 页）、放音乐（见书中第 80 页）最得妈妈心，准爸爸加油
准爸爸被要求做胎教后	准爸爸：宝宝，早上好！ 孕妈妈：再说点。 准爸爸：宝宝，晚上再给你说晚上好。 孕妈妈：再说点。 准爸爸：宝宝，明天再给你说早上好。	让他给宝宝说话，总共就会说这三句，真是无奈又好笑	准爸爸不知道跟宝宝说些啥没关系，可以读点《三字经》给他听（见书中第 112 页），也可以讲百科给他听（见书中第 164 页），宝宝都会喜欢的

胎教场合	准爸爸胎教语录	孕妈妈有话说	这样胎教才合适
睡觉前	你妈妈总是担心生孩子太疼，晚上总是睡不好。小家伙，爸爸我不怕疼，要不我把你放到我肚子里吧	虽然知道是安慰人的话，但听了还是很开心	孕妈妈对生产有恐惧，准爸爸要经常陪伴在侧（见书中第 172 页），帮助孕妈妈缓解紧张情绪
准爸爸决心每天给宝宝讲故事后	宝宝，咱们第一天讲了《小红帽》，第二天讲了《狼来了》，今天我们复习一下前两天的故事	让准爸爸讲故事，他就会那么一两个，看着他绞尽脑汁的样子，又好气又好笑	准爸爸别发愁，故事讲不出的时候，可以念诵儿歌（见书中第 98 页），宝宝会非常喜欢的
晚饭后	宝宝，妈妈的肚子好胖的，你帮忙吃掉一点	准爸爸讲话总是这样调皮，不知道宝宝将来是不是也这样	准爸爸协助孕妈妈管理体重，也是胎教的一种，有空多陪她散散步吧（见书中第 174 页）
某次产检做 B 超后	宝宝，你可不要长成小短腿，要多踢踢妈妈，腿就会变长	我家那位总担心孩子长不高，看来得给他科普下各项 B 超数据的合理范围啦	虽然踢肚子游戏（见书中第 179 页）未必能让胎宝宝的腿更长，但却是很好的胎教互动

胎教场合	准爸爸胎教语录	孕妈妈有话说	这样胎教才合适
睡觉前	宝宝，这几天你不乖，到时间不睡觉总是闹腾妈妈，现在你要向爸爸学习，听见没有？ （准爸爸说完，立即翻身呼呼大睡）	知道老公每日上班很累，让他做胎教总是不情愿，真是该给他好好上上课了	准爸爸胎教其实不需要很多时间，了解胎教的原理后，只需几分钟就搞定胎教（见书中第 20 页）
孕妈妈晚上下班后	宝宝，你要记住早上 8 点到晚上 5 点听到的男声都是叔叔，晚上 5 点后跟你说话的才是爸爸	自从有了宝宝，老公就变成了醋坛子，生怕孩子出生后跟他不亲近，每天抢着跟宝宝说话	准爸爸只要坚持给宝宝做胎教，就能与宝宝建立良好的亲密关系，获得宝宝的信任（见书中第 20 页）
早上上班前	孕妈妈：你来亲一下宝宝的脸蛋，跟他道别。 准爸爸：我不亲！ 孕妈妈：为什么? 准爸爸：我怎么知道亲的是脸蛋，还是屁股！	准爸爸总是羞于跟宝宝说话，让他跟宝宝亲近，他就找理由搪塞，真得给他好好讲讲胎教的必要性了	爸爸都是爱妈妈和宝宝的，既然爱就要大胆表达，多了解做胎教的好处，相信爸爸为了宝宝什么都能做到（见书中第 18 页）
宝宝增大，孕妈妈感到肚子胀痛	宝宝，你今天又干吗了? 又在扩张你的地盘呢? 施工的时候小心点，你妈肚子都疼了	自从怀孕后，老公变得异常体贴、温柔，希望他能一直坚持	准爸爸表现好，妈妈、宝宝都舒服（见书中第 18 页），这就是最好的胎教

胎教场合	准爸爸胎教语录	孕妈妈有话说	这样胎教才合适
准爸爸被要求给宝宝讲故事后	宝宝，昨天我们讲了《乌鸦喝水》的故事，今天我们来讲一个《麻雀喝水》的故事	看到老公愁眉苦脸的样子，真是又气又无奈，让他讲故事就只会讲一个故事，然后把乌鸦换成鹦鹉再换成麻雀，真是拿他没办法	准爸爸苦于不知道讲什么没关系，把自己小时候听过的故事讲出来就很好(见书中第 24 页)
准爸爸第一次做胎教	准爸爸鼓起勇气，对着孕妈妈隆起的肚子看了半天，才慢悠悠说了一句：“有人吗？”	老公性格害羞，让他做胎教很费劲，得让他多跟那些开朗的爸爸学学了	很多爸爸做胎教都有害羞的情绪，这很常见，不知道说什么时，可以给宝宝放点中国名曲(见书中第 88 页)
早饭后	宝宝，你妈怀你特别不容易，一天吃六顿，你可要赛过你妈啊	老公总是担心我太胖了，不利于顺产，时不时地揶揄我，看来要让他多陪我走动走动了	孕妈妈营养需求大是正常现象，如果担心太胖不利于生产，可以监督她适当运动(见书中第 173 页)
准爸爸很羡慕孕妈妈能感受到胎动	宝宝，你总是在妈妈肚子里动来动去，爸爸可羡慕了，不如这样，下次爸爸变成海马，由爸爸来怀你	老公总是吃我和宝宝的醋，看着他这样，自己心里还是觉得很幸福的	准爸爸别羡慕孕妈妈了，多陪伴他们，三个人一起体验幸福时光吧(见书中第 175 页)

目录

最爱爸爸的声音
——准爸爸胎教，妈妈宝宝都舒服

听见我，温暖你——听爸爸给你讲故事

陪爸爸妈妈长大的故事

中华寓言小故事

最梦幻的外国童话

最励志的名人故事

经典动画片里的小故事

谢谢老爸精选的音乐，我和妈妈都爱听

各国孕妈妈都在听的世界胎教名曲

悠扬典雅的中国名曲

爸爸妈妈一起唱的儿歌

准爸爸，做个不花钱的国学胎教机

宝贝，跟爸爸一起从零开始学英语喽

诗歌和散文
——对最爱的宝贝说最美的语言

爸爸就是问不倒的十万个为什么

最安心的胎教就是陪伴

抚摸胎教——爸爸的手掌好温暖

最爱爸爸的声音
——准爸爸胎教，妈妈宝宝都舒服

- 准爸爸胎教很简单，每天只需几分钟，随时随地都能进行。
- 胎宝宝最喜欢准爸爸低频的声音，这能很好地促进他的大脑发育。
- 准爸爸胎教不仅益于胎宝宝，对孕妈妈也有好处。

妈妈更轻松，宝宝更健康

胎教，是指通过调节孕妈妈身体的内外环境，促进胎宝宝发育，改善胎宝宝素质的一些方法。通过胎教给孕妈妈创造优美的环境，孕妈妈再通过与胎宝宝的信息交换，使胎宝宝拥有良好的宫内环境，从而健康地成长发育。

准爸爸是孕妈妈接触最多而又最亲密的人，准爸爸的一举一动，乃至情绪、表情，都能直接影响到孕妈妈。孕妈妈处在身体的特殊时期，身体和心理都比以往更需要关心和照顾，有时候会产生烦躁、疲倦、没有安全感的情绪。这时候，她最渴望的是准爸爸的关心和体贴。

准爸爸做胎教，既是对孕妈妈的陪伴又是对孕妈妈的关心，让她知道自己不是一个人在孤军奋战，心里就会好受很多，情绪就会得到放松。妈妈心情愉悦，宝宝自然也发育健康。

让爱和温暖围绕在母子身边

相信每个准爸爸都是爱孕妈妈和胎宝宝的，只是很多准爸爸不善言辞，空有满腹的爱意不知如何表达。看到孕妈妈一个人挺着大肚子，觉得自己无论做些什么都觉得不够，有时候还会招致孕妈妈的不理解和抱怨。如果是这样，那么就来试试做胎教吧！

准爸爸做胎教不仅能让孕妈妈感受到重视和疼爱，还能唤起胎宝宝的热情，帮助胎宝宝智力发育，使胎宝宝也能感受到愉快的情绪，日后成为一个快乐的孩子。做胎教，可以让准爸爸把对母子的爱化作实际行动，缓解孕妈妈身心的不适，让胎宝宝日后更聪明、活泼——这无疑是表达爱的最好结果。

孕妈妈和胎宝宝最需要准爸爸的爱，而胎教是表达爱的一种方式，准爸爸行动起来吧！

胎宝宝最爱听爸爸低频的声音

准爸爸不要以为胎宝宝只喜欢妈妈的声音，其实在妈妈腹中的这个小家伙，更喜欢听准爸爸的声音。因为准爸爸的声音大都属于宽厚、富有磁性的中低音，频率低，更容易被胎宝宝听到。而孕妈妈的声音大多属于较细的声音，频率高，而高频的声音传到子宫时，衰减得更多。

曾有科学家做过实验，给几名8个月大的胎宝宝听低音频乐曲，听的时候胎宝宝的胎动明显加强。后来，这几名胎宝宝出生后只要一听到类似的低音频乐曲，便停止哭闹，露出笑容。而听到高音频乐曲却没有明显停止哭闹的反应。

现实中也有类似的事情发生。一位准爸爸，从妻子怀孕7个月起，就经常抚摸着妻子腹部，对着腹中胎宝宝说话，比如：“小宝宝，你好吗？我是你爸爸，我爱你！”每当他对胎宝宝说话时，妻子就会明显地感觉到胎宝宝在蠕动。胎宝宝蠕动，表示他感觉到很舒服并喜欢这种方式。

胎宝宝越听越聪明

利用声音进行胎教，让胎宝宝对听到的声音做出反应，会刺激胎宝宝脑神经的发育，促进脑神经结间的媒介——突触的发育，突触开发得越多，脑部发育越完整，胎宝宝越聪明。

如果配合声音做互动胎教，比如和胎宝宝玩踢肚子游戏，让胎宝宝根据准爸爸轻拍腹部的位置做出动作反应，可以调动胎宝宝的运动积极性，有助于运动神经的发育，对身体健康很有好处。

宝宝，爸爸有话对你讲：

宝宝，爸爸很爱你。从现在起，爸爸会每天抽出时间陪着你和妈妈，一起体验三口之家的幸福快乐。

经历过胎教的宝宝性格好，很爱笑。

准爸爸胎教很简单

很多准爸爸知道胎教对宝宝有好处，自己也打算给宝宝做胎教，可是却不知道从何下手。还有一些准爸爸平时工作非常忙，总觉得没办法抽出时间来做胎教，这些问题其实都很好解决。准爸爸胎教不是什么复杂的事儿，也不需要花很多时间和精力，每天抽出几分钟就够了。给宝宝读故事、朗诵诗歌，或者只是静静地陪着妻子和宝宝，也是很好的胎教。

建立宝宝与爸爸的信任感

有许多新爸爸面临这样一种情况，宝宝出生后由妈妈抱着的时候总是乐滋滋、美美的，哭闹的时候只要妈妈一哄一抱就会变乖。可是只要爸爸一靠近他、跟他说话，原本乐呵呵的小家伙就会又哭又闹，想要抱一抱就更难，根本不会乖乖地待在爸爸怀里，总是挣扎着抗拒爸爸。

这是为什么呢？很大一部分原因就是宝宝在未出生前，对爸爸根本不熟悉。他在妈妈腹中的时候，很少或者根本没有听过爸爸的声音，出生后也就对这个声音不熟悉，不知道他是谁，有一种很陌生的感觉。当爸爸靠近他的时候，他会本能地有不安全感，就哭闹个不停。

所以，准爸爸要抓住胎宝宝在妈妈腹中的这个好机会，尽早跟胎宝宝建立熟悉的关系，让胎宝宝熟悉爸爸的声音语调，对爸爸建立起信任感。

准爸爸多陪陪孕妈妈，给胎宝宝讲故事，唱儿歌，将来宝宝出生后，一定会和你非常亲近。

什么时间适合胎教

中午 12 点：这时候人的视力处于最佳状态，如果天气和温度都合适的话，准爸爸可以陪着孕妈妈去散步，欣赏下自然风景。

睡觉前：睡前是孕妈妈听觉神经最敏感的时间。此时，孕妈妈已经吃完晚饭，并且休息了一会儿，精神状态正在慢慢恢复。孕妈妈或是坐在沙发上，或是躺在床上，让准爸爸播放些音乐、给宝宝讲讲故事，或者一起哼唱儿歌…… 既能放松情绪，又做了胎教，一举两得。

愉悦的心情让胎教事半功倍

胎宝宝与成人一样，不仅需要充足丰富的营养，还需要丰富多彩的精神生活。所以，要想对胎宝宝进行最好的胎教，孕妈妈就要保持愉悦的心情。督促孕妈妈每天散散步、听听音乐、做做手工，和准爸爸讨论一下对宝宝未来的期望等，让胎宝宝在轻松愉悦的氛围中健康成长。

宝宝，爸爸有话对你讲：

宝宝，爸爸期待与你见面后一起说笑、玩耍，现在就让我们父子先熟悉起来吧！

每天坚持最重要

有很多准爸爸一开始做胎教时，劲头很大，每天都给胎宝宝讲故事、哼儿歌、放音乐什么的。可是没坚持几天，新鲜感过去了就懒得做了，或者因为工作太繁忙就搁置下来了。这都是很可惜的。胎教是一个持续的过程，如果实在没有时间和精力，可以只是安静地陪着孕妈妈和胎宝宝，陪伴也是一种胎教方式，而且是很有效的胎教方式。

胎宝宝发育是一个持续的过程，他与爸爸建立亲密的情感关系也需要一段时间的积累，如果中途中断了，效果就会打折扣。所以，爸爸不要偷懒，要每天都跟胎宝宝互动，一直坚持到宝宝出生。

准爸爸坚持给宝宝做胎教，宝宝发育会更好。

听见我，温暖你
——听爸爸给你讲故事

- 准爸爸在给宝宝讲故事之前，要先自己熟悉一下故事的大致内容，这样才能活灵活现地将整个故事展现出来。
- 准爸爸讲故事时，对不同的角色最好用不同的语气来读，给胎宝宝不同的声音刺激。
- 一定要坚持哦，避免三天打鱼，两天晒网。

小蝌蚪找妈妈

字数 501 个　时长 5 分钟　有爱指数★★★★★ 超有爱！！！

春天来了。有一天，小蝌蚪们看见鸭妈妈带着小鸭子在划水，就想起了自己的妈妈：“鸭妈妈，您见过我们的妈妈吗？”鸭妈妈回答：“见过。你们的妈妈头顶上有两只大眼睛，嘴巴又阔又大。你们自己去找吧。”“谢谢鸭妈妈！”小蝌蚪们高兴地向前游去。

一条大鱼游过来了。小蝌蚪们看见她头顶上有两只大眼睛，嘴巴又阔又大，就追上去喊：“妈妈！”大鱼笑着说：“我不是你们的妈妈。你们的妈妈有四条腿，到前面去找吧。”“谢谢鱼妈妈！”小蝌蚪们再向前游去。

一只乌龟游过来。小蝌蚪们看见乌龟有四条腿，就追上去喊：“妈妈！”乌龟笑着说：“我不是你们的妈妈。你们的妈妈肚皮是白的。”“谢谢乌龟妈妈！”小蝌蚪们再向前游去。

小蝌蚪们游到池塘边，看见一只青蛙，就赶快游过去，小声地问：“您见过我们的妈妈吗？她头顶上有两只大眼睛，嘴巴又阔又大，有四条腿，白白的肚皮……”青蛙听了笑起来：“傻孩子，我就是你们的妈妈呀！”小蝌蚪们听了说：“奇怪！我们的样子为什么不一样呢？”青蛙妈妈笑着说：“你们还小呢。过几天你们就会长出两条后腿来；再过几天，你们又会长出两条前腿来。四条腿长齐了，脱掉了黑衣服，就跟妈妈一样了。”

小蝌蚪们高兴极了：“啊！我们找到妈妈了！”

宝宝，爸爸有话对你讲：

宝宝，《小蝌蚪找妈妈》的故事很有趣吧。以后等你长大了，爸爸会给你讲更多的关于小动物的故事。

小马过河

字数 511 个　时长 5 分钟　有爱指数★★★★★ 超有爱！！！

有一天，马妈妈把小马叫到身边说：“宝宝，你已经长大了，可以帮妈妈做事了。今天你把这袋粮食送到河对岸的村子里去吧。”

小马早就想帮妈妈做点事了，他驮着粮食飞快地来到了小河边。可是河上没有桥，只能自己趟河过去，小马不知道河水有多深。迷茫中的小马一抬头，看见了正在不远处吃草的牛伯伯。小马赶紧跑过去问道：“牛伯伯，河里的水深不深呀？”

牛伯伯笑着说：“不深，不深。才到我的小腿。”小马高兴地跑回河边准备过河去。他刚一迈腿，忽然听见一个声音说：“小马，小马别下去，这河可深啦！”小马低头一看，原来是小松鼠。小松鼠很认真地说：“前两天我的一个伙伴不小心掉进了河里，河水就把他卷走了。”小马一听没主意了，只好回去问妈妈。

马妈妈老远就看见小马低着头驮着粮食又回来了，心想他一定是遇到困难了，就迎过去问小马。小马哭着把牛伯伯和小松鼠的话告诉了妈妈。妈妈安慰小马说：“没关系，咱们一起去看看吧。”

小马和妈妈又一次来到河边，妈妈这回让小马自己去试探一下河水有多深。小马小心地试探着，一步一步地过了河。噢，他明白了，河水既没有牛伯伯说的那么浅，也没有小松鼠说的那么深。

只有自己亲自试过才知道。小马深情地向妈妈望了一眼，心里说：“谢谢你了，好妈妈。”

皇帝的新装

字数 950 个　时长 7 分钟　有爱指数★★★★★ 超有爱！！！

许多年前，有一位皇帝，十分爱打扮。为了穿得漂亮，不惜把所有的钱都花掉。有一天，来了两个骗子，说能织出人间最美丽的布。但这种布有一种奇怪的特性：任何不称职的或者愚蠢得不可救药的人，都看不见它。

“那真是理想的衣服！”皇帝心里想。于是，他付了许多钱给这两个骗子，让他们马上开始工作。骗子摆出两架织布机，装作是在工作的样子。可是，他们的织布机上连一根线的影子也没有。

“这是怎么一回事呢？”皇帝心里想，“我什么也没有看见！难道我是一个愚蠢的人吗？难道我不够资格当皇帝吗？我可不能让别人知道。”于是，他点头表示十分满意。跟着他来的全体官员也什么都没看见，但他们都附和道：“哎呀，这布真是美极了！”

几天后，皇帝要穿上新衣服参加游行大典。头一天夜晚，两个骗子整夜点起蜡烛，他们装作从织布机上取下布料，用两把大剪刀在空中裁了一阵子，同时用没有穿线的针缝了一通。最后，他们齐声说：“新衣服缝好了！”

皇帝亲自带着一群最高贵的骑士们来了。两个骗子各举起一只手，好像拿着一件什么东西似的。他们说：“这件衣服轻柔得像蜘蛛网一样，穿的人会觉得什么都没穿，这也正是这件衣服的优点。现在请陛下脱下衣服，好让我们为您换上新衣服。”

皇帝把他所有的衣服都脱下来了，两个骗子假装给他穿上并不存在的新衣服。皇帝在镜子面前转了转身。

“上帝，这衣服多么合身啊！裁得多么好看啊！”大家说道，“多么美的花纹！这真是华丽的衣服。”那些托后裙的内臣都把手在地上东摸西摸，好像他们正在拾起衣裙似的。

然后，皇帝就穿着并不存在的新衣服出去，开始浩浩荡荡地游行了。

大家都听说了布的奇怪特性，于是说道：“哇！皇上的新装真是漂亮！”“他的后裙是多么美丽！”“这件衣服真合他的身材！”谁也不愿意让人知道自己什么也看不见，因为这样就会显出自己不称职，或是太愚蠢。

“可是他什么衣服也没穿呀！”一个小孩子突然大声地说道。“你听这个天真的声音！”他爸爸说。但是，这孩子讲的话私下里已经低声地传播开来。“他没穿衣服！有一个小孩子说他什么都没穿！”

“他确实没穿什么衣服呀！”最后所有的百姓都这么说。皇帝有点儿发抖，因为他觉得百姓们所讲的话是真的。不过他心里却这样想：“我必须把这游行大典举行完毕。”因此，他摆出一副更骄傲的神气。他的内臣们则跟在他后面走，手中托着一条并不存在的后裙。

宝宝，爸爸有话对你讲：

宝宝，你知道吗，做人切不可因担心别人笑话自己愚蠢，就装出一副聪明的样子。这毫无疑问是自作聪明，只会暴露自己的无知，最后闹出“皇帝的新装”这样的闹剧。

龟兔赛跑

字数 512 个　时长 5 分钟　有爱指数★★★★☆

小兔子啊，长着四条小短腿，跑得可快啦！小乌龟呢，也长了四条小短腿，却爬得比蚂蚁还慢。一天，兔子碰见乌龟，逗他说：“乌龟，乌龟，咱们来赛跑，好吗？”乌龟知道兔子想要取笑他，根本不理睬兔子。兔子绕着乌龟转圈圈，还编支儿歌笑话他：

“乌龟，乌龟，爬爬，一早出门采花；乌龟，乌龟，走走，傍晚还在门口。”

乌龟被惹急了，对兔子说：“有什么大不了的，咱们就来赛跑吧！”

兔子一听，差点笑破了肚子：“乌龟，你真敢跟我赛跑？那好，咱们从这儿跑起，看谁先跑到那边山脚的大树下。预备！一，二，三！”兔子撒开腿就跑，跑得真快，一溜烟的工夫就看不见影了。他回头一看，乌龟才爬了一小段路，心想：我呀，在这儿睡上一大觉，让他爬到这儿，不，让他爬到前面去吧，我三蹦两跳就追上他了。兔子躺在大树下，一会儿就呼呼地睡着了。

再说乌龟，爬得也真慢，可是他一个劲儿地爬，爬呀，爬呀，等他爬到兔子身边，已经累坏了。兔子还在睡觉，乌龟也想休息一会儿，可他知道兔子跑得比自己快，只有坚持爬下去才有可能赢。于是，他不停地往前爬、爬、爬……离大树越来越近了，只差几步了。

这时兔子醒来了，他看到乌龟快爬到终点了，于是赶紧奔跑。可是已经太晚了，乌龟已经到了大树下，乌龟终于赢得了比赛！

曹冲称象

字数 436 个　时长 4 分钟　有爱指数★★★★☆

三国时期，孙权送给曹操一只大象。曹操带领大臣们和小儿子曹冲，一同去看。

大象又高又大，人站在它跟前，只能够到它的肚子。曹操对大臣们说："这只大象真是大，可是到底有多重呢？你们哪个有办法称一称？"大臣们纷纷议论起来。

一个大臣说："只有造一杆很大很大的秤来称。"而另一个大臣说："这可要造多大的一杆秤呀！我看只有把它宰了，切成块儿称。"大臣们想了许多办法，但都行不通。

这时，曹冲对曹操说："我有一个办法。"曹操就让他说来听听。曹冲把办法说了，曹操一听连连叫好，对大臣们说："走！咱们到河边看称象去！"

众大臣跟随曹操来到河边。河里停着一只大船，曹冲叫人把大象牵到船上，等船身稳定了，在船舷上齐水面的地方，刻了一条线。他再叫人把大象牵到岸上来，把石头往船上装，船身就一点儿一点儿往下沉。等船身沉到刚才刻线的地方，曹冲就叫人停止装石头。

大臣们起先还摸不清是怎么回事，看到这里不由得赞叹不已："好办法！好办法！"现在谁都明白，只要把船里的石头都称一下，把重量加起来，就知道大象有多重了。

宝宝，爸爸有话对你讲：

宝宝，小曹冲很聪明吧，长大了你也要学习他啊！遇到问题，懂得动脑筋，善于思考，能运用巧妙的方法化解困难。爸爸相信，将来你一定会是个聪明的孩子。

聪明的小曹冲解决了大难题。

猴子捞月

字数 411 个　时长 4 分钟　有爱指数★★★★★ 超有爱！！！

一天夜晚，一群猴子在林子里玩耍。其中一只小猴，独自跑到一口井边玩。他往井里看了一眼，忽然大叫起来："不得了啦！月亮掉到井里去了！"

老猴带着一大群猴子跑了过来。他们看到井里的月亮时，一起惊叫起来："月亮真的掉到井里去了！"老猴说："我们快想办法把月亮捞起来吧！"

井旁边有一棵老槐树，老猴先跳到树上，自己头朝下倒挂在树上。其他的猴子一个接一个，你抱我的腿，我勾你的手，挂成一长条，头朝下一直深入井中。小猴体轻，挂在最下边，他只要将手伸到井水中，就可以抓住月亮了。

可是，当小猴把手伸到井水中，想要捞月亮时，却只抓住了几滴水。小猴不停地抓呀、捞呀，折腾了半天，依然捞不着月亮。

倒挂的猴子们都有点坚持不住了，说道："快些捞呀，怎么还没捞起来呢？""哎呀，我挂不住啦！挂不住啦！"

老猴也有点腰酸腿疼了。他猛一抬头，发现月亮依然在天上，于是大声地说："不用捞了，不用捞了，月亮还在天上呢！"

大家都抬头朝天上看，月亮果真好端端地在天上呢。

宝宝，爸爸有话对你讲：

宝宝，这个《猴子捞月》的小故事爸爸很小的时候就听过的，爸爸第一次听到的时候觉得格外有趣。听完了故事，宝宝你想明白了没有，月亮到底是在水里，还是在天上呢？

乌鸦喝水

字数 301 个　时长 3 分钟　有爱指数★★★★★ 超有爱！！！

有一只乌鸦，长得很不起眼，但他特别聪明。

一天，他干完活后又累又渴，很想喝水。忽然，他看见了一个大水瓶，里面有些水。乌鸦满心欢喜，他飞到水瓶旁，把嘴伸了进去。可是，瓶子里的水不多了，嘴伸进去也喝不到。这可怎么办呢？他使劲地用身体撞瓶子，又用翅膀推瓶子，想把瓶子弄倒。可是瓶子又大又重，而他的力量实在是太小了，怎么都弄不倒。

忽然，乌鸦看见瓶子旁有许多小石子，于是他想出了一个办法：把小石子放进瓶里，这样瓶子里的水会渐渐升高，就能喝着水了。

乌鸦这么想着，就这么做了。他不厌其烦地用嘴叼起石子，一块一块地放进瓶子里。功夫不负有心人，在放了很多石子后，水位上升了，乌鸦终于可以喝到水了。于是他痛痛快快地喝了个够。

宝宝，爸爸有话对你讲：

宝宝，小乌鸦是不是很聪明呢？你知道这其中的原理吗？等你长大后，学到了更多的科学知识，就能明白这其中的小道理了。今后，你要向小乌鸦学习，遇到问题多开动脑筋，靠自己的聪明才智解决难题。

小兔子乖乖

字数 768 个　时长 6 分钟　有爱指数★★★★★ 超有爱！！！

兔妈妈有三个孩子，一个叫红眼睛，一个叫长耳朵，一个叫短尾巴。

兔妈妈对孩子们说："妈妈到地里去拔萝卜，你们把门关好，谁来叫门都别开。等妈妈回来了再开。"说完，兔妈妈出去了。

小兔子们记住妈妈的话，把门关好。

过了一会儿，大灰狼来了，他想进去！可是兔妈妈回来了，大灰狼连忙跑到一棵大树后面躲起来。

兔妈妈走到家门口，推了推门，门关得紧紧的，就一边敲门，一边唱："小兔子乖乖，把门儿开开！快点儿开开，我要进来。"

小兔子们一听是妈妈的声音，一齐叫起来："妈妈回来啦！"他们给妈妈开门，抢着帮妈妈拎篮子。兔妈妈亲亲红眼睛，亲亲长耳朵，又亲亲短尾巴，夸他们是好孩子。大灰狼偷偷地把兔妈妈唱的歌记住了。他得意地想，这回我有办法了。

第二天，兔妈妈到树林里去采蘑菇，临走前告诉小兔子们把门关好，等妈妈回来。

大灰狼又来了。他一边敲门一边唱："小兔子乖乖，把门开开！快点开开，我要进来。"

红眼睛、短尾巴误以为妈妈回来了，高兴地想去开门。

红眼睛高兴地叫着：“妈妈回来啦！”

短尾巴说：“快给妈妈开门！”

长耳朵却说：“不对！这不是妈妈的声音！”

他们往门缝里一看，是大灰狼！就一齐说：“不开，不开，我不开！妈妈没回来，谁来也不开！”

大灰狼着急了，说：“我是你们的妈妈，我是你们的妈妈！”

“我们不信！要不你把尾巴伸进来让我们瞧瞧。”

“好啦，我就把尾巴伸进去，让你们瞧一瞧。”

小兔子们把门打开一条缝，大灰狼就把尾巴伸了进来。嘿，一条毛茸茸的大尾巴。一，二，三，嘭——小兔子们一齐使劲，把门关得紧紧的，大灰狼的尾巴被夹住了。

大灰狼疼得哇哇叫：“哎哟，快放了我！”

这时候，兔妈妈回来了，她捡起一根木棍，朝大灰狼的脑袋狠狠地打。

大灰狼使劲一挣，把尾巴挣断，逃走了。

兔妈妈这才松了一口气，扔下木棍，一边敲门，一边唱：“小兔子乖乖，把门儿开开！快点儿开开，我要进来。”

小兔子们听见妈妈的声音，抢着开门。兔妈妈高兴地说：“你们真是好孩子！”

宝宝，爸爸有话对你讲：

宝宝，三个兔宝宝是不是又聪明又可爱啊！以后等你出生了，也要听妈妈爸爸的话啊，做个懂事听话的好孩子。不过，宝宝你也不要担心，爸爸妈妈永远都会守护在你身边，不管你遇到危险还是困难，爸爸妈妈都会第一时间出现在你的身边。

狼来了

字数 380 个　时长 4 分钟　有爱指数 ★★★★☆

从前，有个放羊娃，他每天都去山上放羊。

一天，他觉得十分无聊，就想了个主意来捉弄大家。他大声喊道："狼来了！狼来了！救命啊！"

山下正在种田的农夫们听到喊声，急忙拿着锄头和镰刀往山上跑。他们边跑边喊："不要怕，孩子，我们来帮你打狼！"农夫们气喘吁吁地赶到了山上，可是一看，连半个狼的影子也没有！放羊娃哈哈大笑："真有意思，你们上当了！"农夫们生气地走了。

第二天，放羊娃故技重演，又大声喊道："狼来了！狼真的来了！快来救命啊！"善良的农夫们又信以为真，冲上来帮他打狼，可还是没有见到狼。放羊娃笑得腰都直不起来了："哈哈！你们又上当了！"农夫们十分生气，从此再也不相信他的话了。

过了几天，狼真的来了，一下子闯进了羊群。放羊娃害怕极了，拼命地喊："狼来了！狼来了！快救命啊！狼真的来了！"农夫们听到他的喊声，以为他又在说谎，都不理睬他。结果，放羊娃的许多羊都被狼吃掉了。

宝宝，爸爸有话对你讲：

宝宝，故事中的放羊娃因为不诚实，失去了农夫伯伯对他的信任，遇到真正的危难时却没人相救，可以说是又可气又可怜。要知道，诚实是一个人道德品行的基础，我们都要做一个诚实的人。

小猴子下山

字数 510 个　**时长** 5 分钟　**有爱指数**★★★★★ 超有爱！！！

一只小猴子下山玩耍。他走呀走呀，突然看见前面有一片桃树林，桃树上结满了桃子，又大又红。小猴子快活极了，他自言自语地说："这桃子多大多好看，比山上的桃子好多了，摘一个带回去，妈妈一定会夸我的。"于是，他爬到桃树上，摘了一个最大最红的桃子捧在手里，高高兴兴地继续往前走。

经过一片玉米地，小猴子看见玉米地里长满了玉米："这东西穿着绿绿的衣服，长着长长的胡子，山上可没有，我要摘一个带回去让妈妈瞧瞧！"于是，小猴子把手里的桃子扔了，摘了一个大玉米，扛在肩膀上高高兴兴地继续往前走。

又走了很长的一段路，经过一块西瓜地，看见一个个西瓜圆滚滚、绿油油的，小猴子乐得摇头摆尾，"这大西瓜真好，山上可没有，我要摘一个带回家去，妈妈一定会高兴的。"

于是，小猴子把肩膀上的玉米一扔，摘了一个大西瓜抱在怀里高高兴兴地又往前走。

小猴子走呀走，可是西瓜又大又沉，把小猴子累得直喘气，于是小猴子把西瓜放了下来，一屁股坐在地上休息。忽然，一只野兔从身边跑过去，小猴子一下子跳起来，大声喊："我要是能抓个兔子回去，那就更带劲啦！"于是他丢下西瓜，向野兔扑去，可是小兔子跑得太快了，很快连影子也不见了。

天快黑了，小猴子什么也没有得到，只好两手空空地回家了。

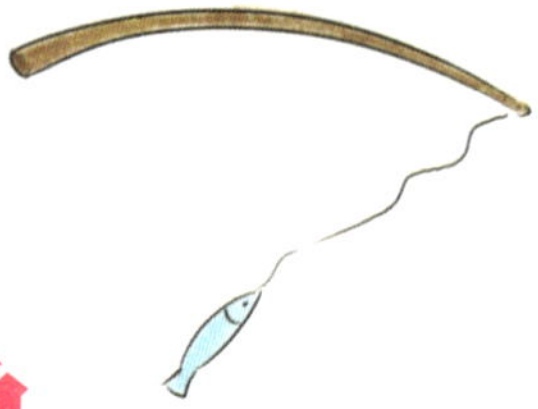

小猫钓鱼

字数 287 个　时长 3 分钟　有爱指数★★★★★ 超有爱！！！

猫妈妈和小猫一块儿在河边钓鱼。

一只蜻蜓飞来了。小猫看见了，放下钓鱼竿，就去捉蜻蜓。蜻蜓飞走了，小猫没捉着，空着手回到河边来。小猫一看，猫妈妈钓着了一条大鱼。

一只蝴蝶飞来了。小猫看见了，放下钓鱼竿，又去捉蝴蝶。蝴蝶飞走了，小猫又没捉到，空着手回到河边来。小猫一看，猫妈妈又钓到了一条大鱼。

小猫说："真气人，我怎么连一条小鱼也钓不着？"

猫妈妈看了看小猫，说："钓鱼就钓鱼，不要这么三心二意的。一会儿捉蜻蜓，一会儿捉蝴蝶，怎么能钓到鱼呢？"

小猫听了猫妈妈的话，觉得很有道理，开始一心一意地钓鱼。蜻蜓又飞来了，蝴蝶又飞来了，小猫就像没看见一样。不大一会儿，小猫自己也钓到了一条大鱼。

宝宝，爸爸有话对你讲：

宝宝，你从小猫的身上领悟到什么道理了吗？我们做事情的时候，如果三心二意、见异思迁是不会有好结果的，只有当沉下心来、一心一意的时候才能有所收获。

小壁虎借尾巴

字数 313 个　时长 3 分钟　有爱指数★★★★★ 超有爱！！！

小壁虎在墙角捉蚊子，一条蛇咬住了他的尾巴。小壁虎奋力一挣，挣断尾巴逃走了。

没有尾巴多难看啊！小壁虎想去借一条尾巴。

小壁虎爬呀爬，爬到小河边。他看见小鱼在河里摇着尾巴游来游去，小壁虎说：“小鱼姐姐，把您的尾巴借给我行吗？”小鱼说：“不行啊，我要用尾巴拨水呢。”小壁虎告别了小鱼，又向前爬去。

小壁虎爬呀爬，爬到了屋檐下。他看见燕子在空中摆着尾巴飞来飞去。小壁虎说：“燕子阿姨，把您的尾巴借给我行吗？”燕子说：“不行啊，我飞的时候，要用尾巴控制方向呢。”

小壁虎借不到尾巴，心里很难过。他爬呀爬，爬回家里找妈妈，跟妈妈说了借尾巴的事情。妈妈笑着说：“傻孩子，你转过身子看看。”小壁虎转身一看，高兴地叫起来：“哇，我长出一条新尾巴啦！”

宝宝，爸爸有话对你讲：

宝宝，小壁虎的尾巴会断，其实是他遇到危险的时候用来逃避敌人、自我保护的一种本能。他的小尾巴断了之后，不必担心，还会继续长出来。许多小动物们都有自卫的本领，只是这些本领各不相同，但目的都是帮助他们更好地生存。

鲁班学艺的恒心和坚韧，最终成就了他的高超技艺。

鲁班学艺

字数 825 个　时长 7 分钟　有爱指数★★★★★ 超有爱！！！

鲁班年轻时，上终南山拜师学艺。他来到了山顶，看见树林里露出一排屋脊，走近一看，是三间平房。

他轻轻地推开门，屋子里斧子、刨子摊了一地，连个站脚的地方都没有。一个须发皆白的老师傅躺在床上呼呼大睡，呼噜打得像雷一样响。鲁班想，这位老师傅一定就是精通木匠手艺的神仙了。他把斧子、刨子收拾在木箱里，然后规规矩矩地坐在地上等老师傅醒来。

直到太阳落山，老师傅才睁开眼睛坐起来。鲁班走上前，跪在地上说："师傅，请您收下我这个徒弟吧。"老师傅说："我要考考你，你答对了，我就收你为徒。答错了，你怎么来的还得怎么回去。"鲁班不慌不忙地说："我今天答不上，明天再答。哪天答上来了，师傅就哪天收我做徒弟。"

老师傅捋着胡子说："一件手艺，有的人三个月就能学会，有的人得三年才能学会。学三个月和学三年，有什么不同？"鲁班想了想才回答："学三个月的，手艺扎根在眼里；学三年的，手艺扎根在心里。"老师傅轻轻地点了一下头说："你答对了，我收下你。向我学艺，就得使用我的工具。可这把斧子，我已经五百年没用了，你拿去修理修理吧。"

鲁班一看，斧子口已经崩了。他挽起袖子就在磨刀石上磨起斧子来了。他白天磨，晚上磨，一直磨了七天七夜，斧子终于磨锋利了。老师傅看了不住地点头。

老师傅说：“试试这把斧子，你去把门前那棵大树砍倒。那棵大树已经长了五百年了。”鲁班提起斧子走到大树下。这棵大树可真粗，几个人都抱不过来。鲁班抡起斧子不停地砍，足足砍了十二个白天十二个黑夜，才把这棵大树砍倒。

老师傅笑了，夸奖鲁班说：“好孩子，我一定把全套手艺都教给你！”鲁班苦学了三年，把所有的手艺都学会了。

有一天，老师傅把鲁班叫到面前，对他说：“三年过去了，你的手艺也学成了，今天该下山了。”鲁班却说：“我的手艺还不精，我要再学三年！”老师傅笑着说：“以后你自己边做边学吧。”鲁班只好拜别师傅，含泪下山了。

此后，鲁班给人们造了许多桥梁、工具、房屋、家具，还教了不少徒弟，留下了许多动人的故事，后世的人尊他为木匠的祖师。

宝宝，爸爸有话对你讲：

宝宝，这虽然是一个带有神话色彩的小故事，但历史上确实有鲁班这个人，被人们尊为木匠的祖师。鲁班一生精于手艺，在当时可谓家喻户晓，他的许多作品都对后世产生了巨大的影响。爸爸希望你能像他一样，永远都不眼高手低，永远都脚踏实地做事。

画蛇添足

字数 403 个　时长 4 分钟　有爱指数 ★★★★☆

古时候，楚国有一家人，祭完祖宗之后，准备将祭祀用的一壶酒赏给帮忙办事的人员喝。参加的人很多，这壶酒如果大家都喝是不够的，若是让一个人喝，便绰绰有余。可是，这一壶酒到底给谁喝呢？

大家都安静下来，这时有人建议：每个人在地上画一条蛇，谁画得快又画得好，这壶酒就归他喝。大家都认为这个办法好，都同意这样做。于是，在地上画起蛇来。

有个人画得很快，一转眼画好了，他就端起酒壶打算喝酒。但是他回头看看别人，还都没有画好呢，心里想：他们画得真慢。他又想显示自己的本领，于是扬扬得意地说：“你们画得好慢啊！我再给蛇画几只脚也不算晚呢！”于是，他便左手提着酒壶，右手拿了一根树枝，给蛇画起脚来。

正在他一边画着脚，一边说话的时候，另外一个人已经画好了。那个人马上把酒壶从他手里夺过去，说：“你见过蛇吗？蛇是没有脚的，你为什么要给他添上脚呢？所以第一个画好蛇的人不是你，而是我了！”那个人说罢就仰起头来，咕咚咕咚把酒喝下去了。

宝宝，爸爸有话对你讲：

宝宝，现在我们根据这个故事引申出“画蛇添足”这个成语，比喻有的人自作聪明，常做多余的事，反而把事情办糟了。

东郭先生和狼

字数 437 个　时长 4 分钟　有爱指数★★★★☆

一次，晋国大夫赵简子率领众随从到中山去打猎，他射中了一只狼。那狼落荒而逃，途中遇见了东郭先生。狼哀求东郭先生救他一命。东郭先生见狼可怜，就让他躲进了背书的口袋里。

当赵简子他们远去之后，狼在口袋里说："多谢先生救了我。请放我出来，受我一拜吧！"东郭先生就把狼给放了出来。可是狼一出口袋，却说："刚才多亏你救我，现在我饿得要命，你为什么不让我吃了你，救我到底呢？"说着他就向东郭先生扑去。

东郭先生慌忙躲闪，他对狼说："不如这样，如果有人说你应该吃我，我就让你吃。"狼高兴地答应了。就在这时，来了一位拄着拐杖的老人。老人听了事情的经过后，用拐杖敲着狼说："你为什么要背叛对你有恩德的人呢？"狼狡辩地说："他用绳子捆绑我的手脚，用书压住我的身体，我为什么不吃掉这种人呢？"

老人说："俗话说'眼见为实'。如果你让他再把你往口袋里装一次，我就可以依据他谋害你的事实为你作证，这样你岂不有了吃他的充分理由？"

狼高兴地听从了老人的劝说，钻进口袋里，但是他没有想到，东郭先生再也不放他出来了。

忘恩负义的狼要吃救他的东郭先生。

狐狸和乌鸦

字数 230 个　**时长** 3 分钟　**有爱指数** ★★★★★ 超有爱！！！

有一只狐狸在树林里找吃的。

他来到一棵大树下，看见乌鸦正站在树枝上，嘴里叼着一片肉。狐狸馋得直流口水。他眼珠一转，对乌鸦说：“亲爱的乌鸦，您好吗？”乌鸦没有回答。

狐狸赔着笑脸说：“亲爱的乌鸦，您的孩子好吗？”乌鸦看了狐狸一眼，还是没有回答。

狐狸又摇摇尾巴说：“亲爱的乌鸦，您的羽毛真漂亮，麻雀比起您来，可就差多了；您的嗓子真好，谁都爱听您唱歌，您就唱几句吧！”

乌鸦听了狐狸的话，非常得意，就唱了起来。“哇……”她刚一开口，肉就掉了下来。

狐狸叼起肉，一溜烟跑掉了。

爱慕虚荣的乌鸦上了狐狸的当，失去了嘴里的肉。

宝宝，爸爸有话对你讲：

宝宝，乌鸦因为虚荣，听信了狐狸的奉承之言，结果丢掉了口中的肉，多么令人感慨啊。你长大后，既不要像乌鸦那样喜欢听不实之言，也不要像狐狸那样欺骗他人，要做一个踏实谦虚、实实在在的好孩子。

孔雀惜尾

字数 354 个　时长 4 分钟　有爱指数★★★★☆

有一只雄孔雀，他的长尾巴真是漂亮极了，金黄和翠绿的颜色互相交错，在阳光下闪烁着艳丽的光泽。令人惊叹大自然的造化竟是如此的神奇美妙，这绝不是一般的画家用七彩笔所能描绘出来的。

岂止是人类羡慕雄孔雀美丽的长尾巴，就连这雄孔雀自己也因这美丽而陶醉，以致养成了嫉妒的恶习。他虽然已经被人类驯养很久了，但只要是见到了少男少女们穿着颜色鲜艳的服装在大街上行走，就禁不住妒火中烧，总要撵上去啄咬几口，才肯罢休。

早先，这只雄孔雀每逢在山里栖息的时候，总是要先选择好一个能掩藏尾羽的地方，然后再来安置身体的其他部位。可是有一天，天上突然下起了大雨，雄孔雀因躲避不及，而淋湿了漂亮的尾羽，这使他感到很痛心。恰在此时，手持罗网捕鸟的人来到了他的面前，而这只孔雀还在珍惜顾盼自己漂亮的长尾巴，不肯逃走，于是只能落入捕鸟人撒下的罗网中。

顾影自怜的孔雀最终落入了猎人布下的罗网。

伯乐相马

字数 818 个　时长 8 分钟　有爱指数★★★★☆

传说中，天上管理马匹的神仙叫伯乐。在人间，人们把精于鉴别马匹优劣的人，也称为伯乐。

第一个被称作伯乐的人本名孙阳，他是春秋时代的人。由于他对马的研究非常出色，人们便忘记了他本来的名字，干脆称他为“伯乐”。

有一次，伯乐受楚王的委托，购买能日行千里的骏马。伯乐向楚王说明：“千里马很稀有，找起来不容易，需要到各地巡访，但请楚王不必着急，我尽力将事情办好，将马找到。”

伯乐跑了好几个国家，连素以盛产名马的燕赵一带，都仔细寻访，还是没发现中意的良马。一天，伯乐从齐国返回，在路上，看到一匹马拉着盐车，很吃力地在陡坡上行进。马累得呼呼喘气，每迈一步都十分艰难。伯乐对马向来亲近，不由得走到跟前。马见伯乐走近，突然昂起头来瞪大眼睛，大声嘶鸣，好像要对伯乐倾诉什么。伯乐立即从声音中判断出，这是一匹难得的骏马。伯乐对驾车的人说：“这匹马在疆场上驰骋，任何马都比不过他，但用来拉车，它却不如普通的马。你还是把它卖给我吧。”

驾车人认为伯乐是个大傻瓜，他觉得这匹马太普通了，拉车没力气，吃得太多，骨瘦如柴，毫不犹豫地同意了。伯乐牵走千里马，直奔楚国。伯乐牵马来到楚王宫，拍拍马的脖颈说：“我给你找到了好主人。”千里马像明白伯乐的意思似的，抬起前蹄把地面震得咯咯作响，引颈长嘶，声音洪亮，如大钟石磬，直上云霄。

楚王听到马嘶声，走出宫外。伯乐指着马说：“大王，我把千里马给您带来了，请仔细观看。”楚王一见伯乐牵的马瘦得不成样子，认为伯乐愚弄他，有点不高兴，说：“我相信你会看马，才让你买马，可你买的是什么马呀，这马连走路都很困难，能上战场吗？”

伯乐说：“这确实是匹千里马，不过拉了一段车，又喂养得不精心，所以看起来很瘦。只要精心喂养，不出半个月，一定会恢复体力。”

楚王一听，将信将疑，便命马夫尽心尽力把马喂好，果然，马变得精壮神骏。楚王跨马扬鞭，但觉两耳生风，不一会儿的工夫，已跑出百里之外。后来千里马为楚王驰骋沙场，立下不少功劳。楚王对伯乐更加敬重。

在精心照料之下，伯乐相中的马果然神骏英武。

宝宝，爸爸有话对你讲：

宝宝，我们现在通常将发现、推荐、培养、使用人才的人称为“伯乐”。故事中的伯乐本人，之所以能将埋没于俗世间的千里马一眼认出，一是因为他对相马的技艺非常精通，二是因为他不辞辛苦、不达目的不罢休的毅力。

狐假虎威

字数 414 个　时长 4 分钟　有爱指数★★★★☆

在大森林里，老虎是所有动物中最凶猛的野兽，号称“森林之王”，其他动物看见老虎，都会吓得逃跑。

一天，老虎遇到一只狐狸。狐狸刚要溜走，却被老虎一把抓住。狡猾的狐狸见自己无法逃脱，就想了个办法骗老虎。他一本正经地对老虎说：“你怎么敢吃我？我是上天派来管理所有野兽的。你要吃了我，就是违抗上天的命令！”老虎一听愣住了，问狐狸：“真有这样的事吗？你不是在骗我吧？”

狐狸回答道：“你要是不信，就跟在我后面走一趟，看看是不是所有的野兽见了我都赶快逃命。”

老虎对狐狸的话半信半疑，心想：还是先跟着狐狸去看看，到时候再决定怎么处置他。狐狸大摇大摆地走在老虎前面，动物们看见狐狸，又看见狐狸身后的老虎，吓得纷纷四处逃跑。

老虎看到这种情形，以为动物们真的是被狐狸的威风吓跑的，就相信了狐狸的话。他赶紧讨好狐狸，说：“对不起，大王，你放过我吧。”狐狸高傲地抬起头，忍住内心的紧张，对老虎说：“好吧，这次就饶了你，你走吧！”狐狸刚说完，老虎就慌忙逃走了。

聪明的狐狸借老虎的威势在动物们面前扬威了一番。

望梅止渴

字数 299 个　时长 3 分钟　有爱指数★★★★☆

东汉末年，有一年夏天，曹操率领军队去打仗。天气出奇地热，曹操的军队已经走了很多天，带的水全都喝完了，士兵们又渴又累。军队行进的速度越来越慢，渐渐地很多士兵开始走不动了。

曹操见士兵们快坚持不住了，心里很着急：要是士兵们停留在这里，耽误了打仗可怎么办？于是，他下令让士兵们去附近找水喝，可是找了很久，也没有找到。

这时，曹操看见远处的树林，突然想到了一个好办法。他装作很高兴的样子，指着前方的树林，大声地喊道："前面不远处有一大片梅林，那里的梅子又大又好吃，走到那里我们就能吃梅子解渴了，快走啊！"

士兵们听了以后，想起梅子酸酸的味道，全都流起了口水，人也一下子有了精神。最后，曹操成功地率领军队继续前行。

宝宝，爸爸有话对你讲：

宝宝，望梅止渴的故事很有趣也很有智慧吧。汉语中有许多类似的成语小故事，都是这样有趣且富有智慧的，以后爸爸会慢慢讲给你听。

对牛弹琴

字数 328 个　时长 4 分钟　有爱指数★★★★☆

春秋时期，鲁国有一个叫公明仪的人，很多人喜欢他的琴声，对他十分敬重。

有一次，天气很好，公明仪带着琴外出游玩。看着蓝天白云，绿草红花，公明仪觉得心情很愉悦，想要弹几首曲子，可是周围却没有听众。

这时候，他发现不远处有一头老黄牛正在吃草，公明仪心想：老黄牛平时耕地那么辛苦，不如我弹几首曲子给它听吧。于是，公明仪坐到地上，对着牛认真地弹了起来，琴声优美动听，连他自己都忍不住沉浸其中。可是，牛却一点反应也没有，仍然在那低着头，慢悠悠地吃草。

公明仪不甘心，拿出了看家本领，又弹了一首更加好听的曲子。可是那头牛仍然像没听到一样，对他不理不睬。公明仪有点不高兴了，开始怀疑是自己琴技不好。

路过的人看到这个情景，笑着对他说："不是您的琴声不好听，而是牛根本就听不懂啊！"

宝宝，爸爸有话对你讲：

公明仪的琴声虽然优美动听，但他的演奏对象是头牛，牛不懂得欣赏音乐，所以对他的演奏无动于衷。宝宝，我们说话做事时，要看清对象，否则只会白费口舌。

萝卜和小牛

字数 350 个　时长 4 分钟　有爱指数★★★★★ 超有爱！！！

从前有一个贫穷的农民，他在菜园里发现了一根很大很大的萝卜。

“我要把它作为礼物送给国王，”他说，“当我们菜园和田地里的收成好时，国王总是非常高兴。”于是，他就将萝卜送到了王宫。国王收到萝卜，啧啧称赞萝卜个大，还送给穷困的农民三个金币。

有一个富有的地主住在村子附近，他总是想更加富有。他听说了国王送给那个穷人金币的事儿，便想把自己的一头牛送给国王作礼物。他心想：如果一只萝卜他都送三个金币，这样一头漂亮的小牛，他会送更多的钱呢！

于是，他就在小牛的脖子上套上了绳子，将他牵到了王宫。国王知道这个地主打的什么主意，所以就说，他不想要任何小牛。地主再三请求国王收下礼物。

“很好，”国王说，“既然你想要我这样做，那我就收下了。我要送你一件礼物，这件礼物至少是你小牛的三倍价钱。”说完，国王将那只大萝卜送给了地主。

宝宝，爸爸有话对你讲：

宝宝，对人真诚，同样也会得到真诚的祝福和好运。为人不厚道，终将被人识破，最后吃亏的还是自己。宝宝，待人接物要怀着一颗真诚的心，用心对人才能获得大家的喜欢，交到真朋友。

地主种田

字数 310 个　**时长** 3 分钟　**有爱指数** ★★★★★ 超有爱！！！

从前，有一个地主想学种田。他来到田野里，看见有一亩田里的麦子长得非常茂盛，就问那个农民：“你的麦子长得这么好，你是用的什么方法啊？”

农民回答说：“没有特殊的方法，你只要把泥土掘松，理平，再施点肥料，就可以了。”

这个地主听完，回到了自己的田里。他按照农民的话，开始翻松泥土，理平，也施了些肥料，就只等播撒种子了。可是这个地主怕自己的脚踏上去以后，就又把泥土踏硬了。

于是，他想了一个自认为很好的办法：“我看不如这样，我坐在一张卧榻上，叫人在下面抬着我，然后我在上面播撒种子，这样就不会把地给踏硬了。”

地主叫来四个人，每人扛起卧榻的一脚，抬着他去播撒种子。这下，两只脚换成了八只脚，再加上一张重重的卧榻，泥土真的被踏得铁硬了。

宝宝，爸爸有话对你讲：

遇到问题不动脑思考，只会想当然地做决定，最后很可能就像故事中的地主那样，把事情变得更糟。所以宝宝，你要懂得独立思考的重要性，做个善于动脑筋的人。

这个地主最终还是把田地踏平了。

掩耳盗铃

字数 471 个　时长 5 分钟　有爱指数★★★★☆

从前，有一个人很愚蠢又很自私，他还有一个爱占便宜的坏毛病。凡是他喜欢的东西，总是想尽办法把它弄到手，甚至是去偷。

有一次，他看中了一家大门上挂的铃铛。这个铃铛制作得十分精致、好看，声音也很响亮。他想，怎么样才能弄到手呢？最后决定，把它偷走。他知道，只要用手去碰这个铃铛，它就会“丁零丁零”地响起来。门铃一响，就会被人发现了。那可就得不到铃铛了。那怎么办呢？

他突然想出了一个办法。他认为，门铃一响，耳朵就会听见了，如果把自己的耳朵掩住，不是就听不见了吗？于是，他自作聪明地采用这个方法去偷门铃。

有一天晚上，他借着月光，蹑手蹑脚地来到这家大门前。他伸手向上摘铃铛，但是，门铃挂得太高了，怎么够也够不着，他只好扫兴地回来了。回到家，他又想该怎么办呢？他想叫邻居聋子一起去偷铃铛，踩着他的肩膀就能够摘到铃铛了。可是又怕邻居不干，不和他一起偷东西，最后决定自己踩着凳子摘铃铛。第二天晚上，他带着凳子，又蹑手蹑脚地来到这家大门口。他踩着凳子，一手掩住自己的耳朵，一手摘这只铃铛。谁知他刚碰到铃铛，铃铛响了，这家主人听到了铃铛发出的声音，就把他抓住了。

偷铃人捂住自己的耳朵来掩饰盗铃声，这是自欺欺人的行为。

拇指姑娘

字数 921 个　时长 8 分钟　有爱指数★★★★★ 超有爱！！！

从前有一个女人，她非常希望有一个丁点儿大的孩子。于是她就去请教一位女巫。女巫给了她一粒神奇的大麦粒，并让她埋在花盆里。

回到家，她就种下了那颗大麦粒。不久之后，一朵美丽的大红花就长出来了。它看起来很像一朵郁金香，不过它的叶子紧紧地包在一起，好像仍旧是一个花苞似的。“这是一朵很美的花。”女人说，同时在那美丽的、黄而带红的花瓣上吻了一下。这时，花儿忽然“噼啪”一声，开放了。人们现在可以看出，这是一朵真正的郁金香。但是在这朵花的正中央，在那根绿色的雌蕊上面，坐着一位娇小的姑娘，她看起来又白嫩，又可爱。她还没有大拇指的一半长，因此人们就将她叫作拇指姑娘。

拇指姑娘的摇篮是一个光得发亮的漂亮胡桃壳，她的垫子是蓝色紫罗兰的花瓣，她的被子是玫瑰的花瓣。这就是她晚上睡觉的地方。但是白天她在桌子上玩耍——在这桌子上，那个女人放了一个盘子，上面又放了一圈花儿，花的枝干浸在水里。水上浮着一些很大的郁金香花瓣。拇指姑娘可以坐在这花瓣上，用两根白马尾作桨，从盘子这一边划到那一边，快活极啦！她还能唱歌，而且唱得那么温柔和甜蜜，从前没有任何人听到过。人人都喜欢美丽的、快乐的拇指姑娘。

可是有一天，一只丑陋的癞蛤蟆强行把拇指姑娘抱走了，他想让她当小癞蛤蟆的妻子，可这一切并未得到拇指姑娘的同意，她很伤心。水里的鱼儿很同情小小的拇指姑娘，便偷偷放走了她。一只金龟子发现了拇指姑娘，并把她带到了树上，但因为其他金龟子都反对，于是金龟子又把她放在了一片树林中。

拇指姑娘一个人在树林中度过了夏天和秋天，但寒冷的冬天来临了，拇指姑娘又冷又饿，田鼠收留了她。一天，田鼠说：“我们这儿最富有的先生——鼹鼠就要来了，如果你和他结婚，就有享不尽的荣华富贵。”过了几天，鼹鼠正式提亲了。春天来到了，鼹鼠让拇指姑娘缝嫁衣。可是，拇指姑娘并不喜欢鼹鼠，因为他不喜欢阳光和鲜花。

拇指姑娘曾经在地道里救过一只燕子，冬天过去了，燕子要飞去另外一个国家，他便问拇指姑娘：“你愿意和我一起到另外一个国家去吗？”拇指姑娘爽快地答应了。燕子背着拇指姑娘飞呀飞呀，飞到了那个国度，把拇指姑娘放到了一朵最美丽的花上，上面有一个和拇指姑娘一样大的美男子，他就是所有花朵的国王，他们俩结婚了，拇指姑娘便成了这儿的皇后。

宝宝，爸爸有话对你讲：

拇指姑娘善良又勇敢。宝宝，只要像拇指姑娘一样，勇敢地去追逐幸福和自由，你的梦想就会实现。

拇指姑娘一直没有放弃对幸福生活的追求。

海的女儿

字数 426 个　时长 4 分钟　有爱指数★★★★★ 超有爱！！！

在海底深处有一座城堡，那里住着几位人鱼公主，其中最小的公主长得最为美丽，而且拥有世界上最动听的声音。她常常听姐姐们说许多海面上的新鲜事，但她因为未成年不能上水面，所以经常想着到海面上看看。

终于在她十五岁生日的时候，她悄悄地游到了海面，遇到一位王子，王子由船上掉落海中，漂流到海面上。她救了那位王子。但因此时有人接近，她没办法，只得走了。而王子醒来时见到一位少女，便以为是这位少女救了他。

人鱼公主无法把王子忘记，于是去求助女巫来帮助她达成心愿。女巫答应了她，但是必须拿她的声音作为交换，而且她走路的时候，那由尾巴变成的双脚会像刀割一般地疼痛，最可怕的是，如果王子和别人结婚的话，她便会化成海中的泡沫。

人鱼公主上岸见到了王子，但王子却不认得她，即使非常喜欢她美丽的容貌与婀娜的身姿，但从未想过要娶她，而是与一位美丽的贵族公主结婚，那个公主便是王子以为曾经救自己的人。人鱼公主只得回到海底，她的心很痛，最后恋恋地回望了王子一眼，逐渐化作泡沫，向云彩深处飞去。

善良的人鱼公主要救起危难中的心上人。

金丝雀王子

字数 485 个　时长 5 分钟　有爱指数★★★★☆

从前有一位公主，生活在森林中的城堡里。有一天，公主看见一个王子从城堡边的小路上经过。王子也看到了公主，他被公主的美丽所吸引，不由得微笑起来。就这样，王子和公主含情脉脉地对视了很久。这时，一个仙女从一棵树后飞出来，微笑着对王子说："我从没见过像你们这样，隔得这么远又这么痴情的恋人。"

"仙女，你知道怎样才能见到她吗？"王子问。

仙女说："看你们这么相爱，我就帮帮你。"说完，她就飞过去敲城堡的门。仙女递给守门的侍女一本厚厚的旧书，说是送给公主的礼物。

侍女把书送给了公主，公主打开一看，书上写着："这是一本魔法书。如果你从前往后翻，你的心上人就会变成一只鸟；而如果你从后往前翻，你的心上人就会由鸟变成人。"

公主立即跑到窗前，将书从前向后翻了起来。只见王子真的变成了一只金丝雀，飞到了城堡的窗台上。公主又拿起书，从后往前翻，金丝雀又重新变回了王子的样子。公主和王子互相倾诉着爱慕之情，有了这本书，他们每天都能见面。

终于有一天，王子决定向公主求婚。他带着礼物来到国王面前，说明了一切。国王高兴地答应了王子和公主的婚事。

婚礼在喜庆的气氛中举行，仙女送来了祝福，所有人都感到欢乐满足。

宝宝，爸爸有话对你讲：

宝宝，故事中的小仙女乐于助人，帮助公主和王子完成心愿，多么令人喜爱呀。

一团乱麻

字数 395 个　**时长** 4 分钟　**有爱指数** ★★★★☆

从前有个女孩，她长得很漂亮，但却很懒，做事也马虎。如果让她去纺纱，做着做着就会变得十分烦躁，这时候，如果在亚麻纤维里发现一个很小的结，她就会马上扯出一整堆下来，搅成一团，扔在旁边的地上，不管不顾。

这女孩身边有个小女仆，素来勤快，每次都把主人扔下来的一团乱麻收拾起来，清洗干净，然后重新纺成纱。日积月累，竟用这些扔掉的纱，织成了一件漂亮的礼服。

有位年轻绅士向那懒女孩求了婚，婚礼很快就要举行了。在结婚前夕的一个派对里，勤快的女孩穿上漂亮的礼服，开开心心地过来跳舞。新娘见了，说道："哎呀呀，那女孩蹦来跳去的，身上穿的竟是我那一团乱麻！"新郎听到这话后，马上询问新娘是什么意思。于是，懒女孩告诉他，那勤快女孩身上的礼服，其实是用自己弃之不用的亚麻纤维，一点一点织成的。新郎听她这样一说，终于意识到她的懒惰，同时也了解了穷苦女孩的勤劳。他不再理会懒女孩，而是走到勤快女孩身边，选了她做自己的妻子。

宝宝，爸爸有话对你讲：

勤快的人总是更受到其他人的喜爱，宝宝，可千万不能懒惰哦。

穿靴子的猫

字数 432 个　时长 4 分钟　有爱指数★★★★☆

很久以前，有一个小伙子穷得只剩下一只猫。他很难过，觉得活着没有意义。

这时候，他的猫突然开口说话了："主人，只要你给我做双靴子，我就能给你带来好运。"小伙子很惊讶，于是给猫做了双靴子。

这一天，猫听说国王要带公主到河边看风景，就让他的主人到指定的河里去洗澡。当国王经过的时候，猫大喊起来："救命啊！伯爵有危险了！"国王听到喊声，走了过来。

猫对国王说："亲爱的国王，我主人是一位英俊的伯爵，他在湖里洗澡，突然来了一个强盗，抢走了他的衣服。"国王听后，派人把小伙子救了上来，并取来一套自己的衣服给他穿上。

公主在国王身边，看到英俊的小伙子望向自己的温柔的眼神，便爱上了他。国王邀请小伙子和他一起回宫。

猫大摇大摆走在车前面，他穿着一双靴子，谁见到都挺畏惧。他碰到了农民，就对农民说："国王若问起你们草地是谁的，你们要说是伯爵的。"农民很听话，国王问起草地的主人是谁时，农民便说是伯爵的。

国王以为小伙子是真正的伯爵，对他非常满意，决定把公主嫁给他。而猫呢，也成了"高贵的绅士"。

宝宝，爸爸有话对你讲：

宝宝，童话故事多种多样，里面有各种有趣好玩的角色，爸爸会慢慢讲给你听。

小象的星星树

字数 706 个　时长 7 分钟　有爱指数★★★★★ 超有爱！！！

春天到了，小动物们来到森林里，栽下了一棵棵小树苗。小狐狸和小猪栽了几棵苹果树，小猴子栽了三棵桃树，小松鼠栽了一棵松树……

小象也想栽一棵树，但是栽一棵什么树好呢？对了，自己最喜欢天上的星星，嗯，那就栽一棵星星树吧！可哪里有星星树的种子呢？

小象在森林里找啊找，一刻也不停。小动物们听说了，都笑着说："哪会有星星树啊！"

小象却不相信，他说："要是没有星星树，天上的星星从哪里来？"

小动物们也不知道天上的星星从哪里来，只好说："那你慢慢找吧！"

小象找了好久都没有找到星星树种子，他难过地想："难道真的没有星星树？"这时，乌龟爷爷爬了过来："我这里倒是有星星树的种子，但只有一粒，所以，你要好好照顾它呀！"

小象听了高兴极了，连忙说："乌龟爷爷，我会好好照顾星星树种子。您放心吧！"

乌龟爷爷笑着拿出一粒小小的种子，递给小象说："种子种下去之后，你每天都要给它唱一首歌，这样它才能长大。"

告别乌龟爷爷回到家，小象把星星树种子种在屋后的土地里，每天都给它唱一首歌。小象唱道："小种子呀，快快发芽；不怕风吹，不怕雨打……"

可是，几个月过去了，这粒种子始终没有一点动静。

“是不是你不会种，所以种子才不发芽。”小猴子说。

“可能是我唱的歌不好听。”小象有点不好意思地说。

虽然这样，小象仍然像往常一样，每天都跑到屋后，给星星树种子唱一首歌。

一天晚上，小象突然听见屋后传来一阵阵优美的歌声：“小种子呀，快快发芽；不怕风吹，不怕雨打……”

小象急忙跑了出去。原来屋后竟然长出了一棵美丽无比的树。哇，它一定就是星星树！洁白的月光照耀着星星树，天上的星星一颗又一颗地飞下来，围住星星树，唱起了动听的歌儿。歌声飘得好远好远，附近的小动物们都听见了……

宝宝，爸爸有话对你讲：

“小种子呀，快快发芽；不怕风吹，不怕雨打……”宝宝，等以后你长大了，爸爸也带你去种树，让小树苗和你一同成长。现在的你就是妈妈腹中的一粒小种子，你要向小树学习，不怕风不怕雨，健健康康地成长。

准爸爸也要多给宝宝唱唱歌，让他快乐长大。

青蛙王子

字数 428 个　**时长** 5 分钟　**有爱指数**★★★★★ 超有爱！！！

从前，有一位漂亮的小公主，一天，她拿着一个自己特别喜欢的金球在一口水井边玩耍，金球在空中被抛上抛下，突然，掉进了井里。那口井特别深，小公主眼看取不出金球了，着急地哇哇大哭。

就在这时，小公主听到一个声音说："亲爱的公主，别哭了，你这样哭连石头都会心疼的。我帮你把球捡回来吧。"

小公主转头一看，一只青蛙正探出水面，睁着圆溜溜的大眼睛对她说话。"真的？"小公主说道，"那太谢谢你啦，你帮我这么大的忙，可我怎么报答你呢，我的任何衣服、珍珠宝石，甚至我的金冠都可以给你的。"

"这些我统统都不要，"青蛙回答说，"我自己太孤独了，只要你愿意当我的朋友，陪我玩儿就可以了。""当然可以了！"小公主不假思索地说。

青蛙得到了承诺，马上跳进了井里，不一会儿就衔着金球冒出水面，把金球亲手交到了小公主手里，小公主开心极了。

就在小公主的手碰到青蛙手的瞬间，奇迹发生了，青蛙变成了一位迷人的王子。原来，王子之前被狠毒的巫婆施了魔法。

后来，小公主与青蛙王子结了婚，从此幸福地生活在一起。

（本故事改编自格林童话的《青蛙王子》）

宝宝，爸爸有话对你讲：

宝宝，童话中的小青蛙聪明又可爱，当小公主遇到困难时，他主动伸出援助之手，赢得了公主的心，这才使得他身上的魔法得以解除。孩子，乐于帮助他人，也是在无形中帮助自己。

丑小鸭

字数 494 个　时长 5 分钟　有爱指数★★★★★ 超有爱！！！

有一个鸭妈妈在林子里孵小鸭，别的小鸭都钻出了蛋壳。只有一只最大的蛋，始终一点动静也没有。

终于，这个大蛋也裂开了，小家伙钻了出来。瞧，他好大呀，又那么丑！别的鸭子都那么美丽，没有一个跟他一样的。大家都不喜欢他。谁也不愿接近他，谁也不愿跟他说话。

于是，丑小鸭离家出走了，他不知道该到哪里去，就闭上眼睛一直向前走。不久，冬天来了。一天傍晚，丑小鸭看到了一群又大又美丽的鸟，他们在天空中飞翔。这是一群天鹅，丑小鸭再也忘不了这样美丽的鸟。

丑小鸭继续走着，没有一个人愿意帮助他。冬天，好不容易过去了。春天来了，丑小鸭长得更大了，能够在空中飞翔了。

他来到一个花园，花园旁边有一条河。三只美丽的天鹅正在河里游泳。丑小鸭想起来了，他见过这些美丽的鸟。他决定游到他们那里去，不管他们嫌不嫌自己丑。

于是，他向他们游去。突然，他从水面上，看到了自己的倒影。他不再是一只又胖又丑的小鸭子了，而是一只天鹅！天鹅们也游到他身边，欢迎他。

这时，几个小孩从花园里跑过来，其中一个叫道：“大家快看，新来了一只天鹅，他多好看啊！谁也没他美。”听到赞美的话，丑小鸭害羞了，他从未想过会有这样的幸福。

豌豆公主

字数 368 个　时长 4 分钟　有爱指数★★★★★ 超有爱！！！

从前有一位王子，他想找一位真正的公主结婚。很多女孩都来到王宫，说自己是公主，但王子无法判断她们究竟是不是真正的公主。

一天晚上下起了暴雨，有一位女孩来敲王宫的大门，想要进来躲雨，她说自己是一位真正的公主。可是，经过风吹雨打之后，她的样子一点也不像高贵的公主！

老王后却有办法。她走进卧房，把所有的被褥全部搬开，在床榻上放了一粒豌豆。随后，她命人取来二十床垫子压在豌豆上。最后，她又命人在这些垫子上放了二十床鸭绒被。她请自称是公主的女孩睡在了这张床上。

第二天早晨，老王后问女孩："你昨晚睡得好吗？"

"噢，很不舒服！"女孩说，"我差不多整夜都没有合上眼！好像有什么东西硌着我，弄得我全身发紫，真可怕！"老王后很高兴，看来她的确是一位真正的公主。因为除了公主，任何人都不会有这么娇嫩的皮肤。

于是，王子就娶了这位女孩，因为他知道这是一位真正的公主。

宝宝，爸爸有话对你讲：

宝宝，《豌豆公主》是安徒生故事系列中著名的故事之一，其经典故事深入人心，又有趣又精彩。此外，还有根据这个童话改编的相关电影及动画，都非常好看。等将来有机会，爸爸妈妈会陪着你一起看。

可大可小的熊

字数 385 个　时长 4 分钟　有爱指数★★★★★ 超有爱！！！

有这样一只小熊，他有一个神奇的本领——可大可小。

变大了多棒啊！他可以穿上爸爸的衣服，去超市上班。他甚至可以到学校当校长，让所有老师都来听他上课！

可是，事情变得有些糟糕。在超市上班，小熊不会算账，急得满头大汗，来买东西的小朋友都偷偷地笑他呢！在学校，小熊不知道怎样上课，说话结结巴巴。唉，原来当校长这么难啊！

那就变小吧！把自己变得比幼儿园的小朋友还要小。

可是，这一点儿也不好玩！不光走路走不稳，说话说不好，就连饿了，也要哭着喊着叫爸爸妈妈。还好，爸爸妈妈很有耐心，无论小熊怎么哭闹，他们都笑眯眯的。

“爸爸妈妈真好！我去给他们倒杯茶吧！”想到这儿，小熊从沙发上爬了下来。可是，他只向前走了两步便摔倒了。原来，小熊忘了自己已经变小啦！

小熊觉得还是像现在这样，不大不小最好。可以帮爸爸妈妈做家务，也可以去学校读书，和同学们一起做游戏。等长到爸爸那样大的时候，就可以像爸爸那样厉害啦！

小熊穿上爸爸的衣服，高兴极了。

宝宝，爸爸有话对你讲：

宝宝，故事中的小熊的想法多么可爱啊。爸爸知道，每个小孩子的脑袋里都会有许多可爱有趣的想法，等你以后见到了爸爸，要把你的想法都说给爸爸听啊！

小红帽

字数 865 个　时长 8 分钟　有爱指数★★★★★ 超有爱！！！

从前，有个人见人爱的小姑娘。外婆送给她一顶红色的帽子，她特别喜欢，整天戴着这顶帽子。于是，大家便叫她“小红帽”。

一天，妈妈对小红帽说：“外婆生病啦，这里有一块蛋糕和一瓶葡萄酒，你给外婆送去吧。”小红帽拿好东西，蹦蹦跳跳地出门了。

外婆住在村子外面的森林里，离小红帽家有很长的一段路。小红帽刚走进森林，就碰到了一只狼。小红帽不知道狼是坏家伙，所以一点也不怕他。

“你好，小红帽，”狼说，“这么早要到哪里去呀？”

“我要到外婆家去，外婆生病啦，我给她送蛋糕和葡萄酒。”

狼听了后，决定先去吃掉外婆，再吃掉小红帽。他说：“小红帽，你看周围这些花多么美丽啊！不如你去采些送给外婆吧。”

小红帽觉得有道理，便离开大路，去林子深处采花。

狼却直接跑到外婆家，敲了敲门。

“谁呀？”

“外婆，我是小红帽，”狼捏着鼻子回答，“我给你送蛋糕和葡萄酒来了。快开门啊！”

“你拉一下门闩（shuān）就行了，”外婆大声说，“我身上没力气，起不来。”

狼进屋来，冲到床前，把外婆吞进了肚子里。然后他穿上外婆的衣服，戴上帽子，躺在床上。小红帽采完花，重新上路去外婆家。看到外婆家的门敞开着，她感到很奇怪。她大声叫道：“早上好！”可是没有人回答。她走到床前，只见外婆躺在床上，帽子拉得低低的，把脸都遮住了，样子非常奇怪。

“外婆，你的耳朵怎么这么大呀？”小红帽问。“为了更好地听你说话呀，乖乖。”

“外婆，你的手怎么这么大呀？”小红帽又问。“可以更好地抱着你呀。”

“外婆，你的嘴巴怎么也大得吓人呀？”“可以一口把你吃掉呀！”

狼刚把话说完，就从床上跳起来，把小红帽吞进了肚子里。狼吃饱后便重新躺到床上睡觉，而且鼾声震天。一位猎人碰巧从屋前走过，心想：这老太太鼾打得好响啊！我要进去看看她是不是出什么事了。

猎人进了屋，发现一只狼躺在那里。他正准备向狼开枪，突然又想到，狼很可能把老太太吞进了肚子里。于是，猎人把狼的肚皮剪开。刚剪了两下，小红帽便跳了出来，叫道：“真把我吓坏了！狼肚子里黑漆漆的。”接着，外婆也出来了，只是有点喘不过气来。但是，外婆吃了小红帽带来的蛋糕和葡萄酒后，精神好多啦！

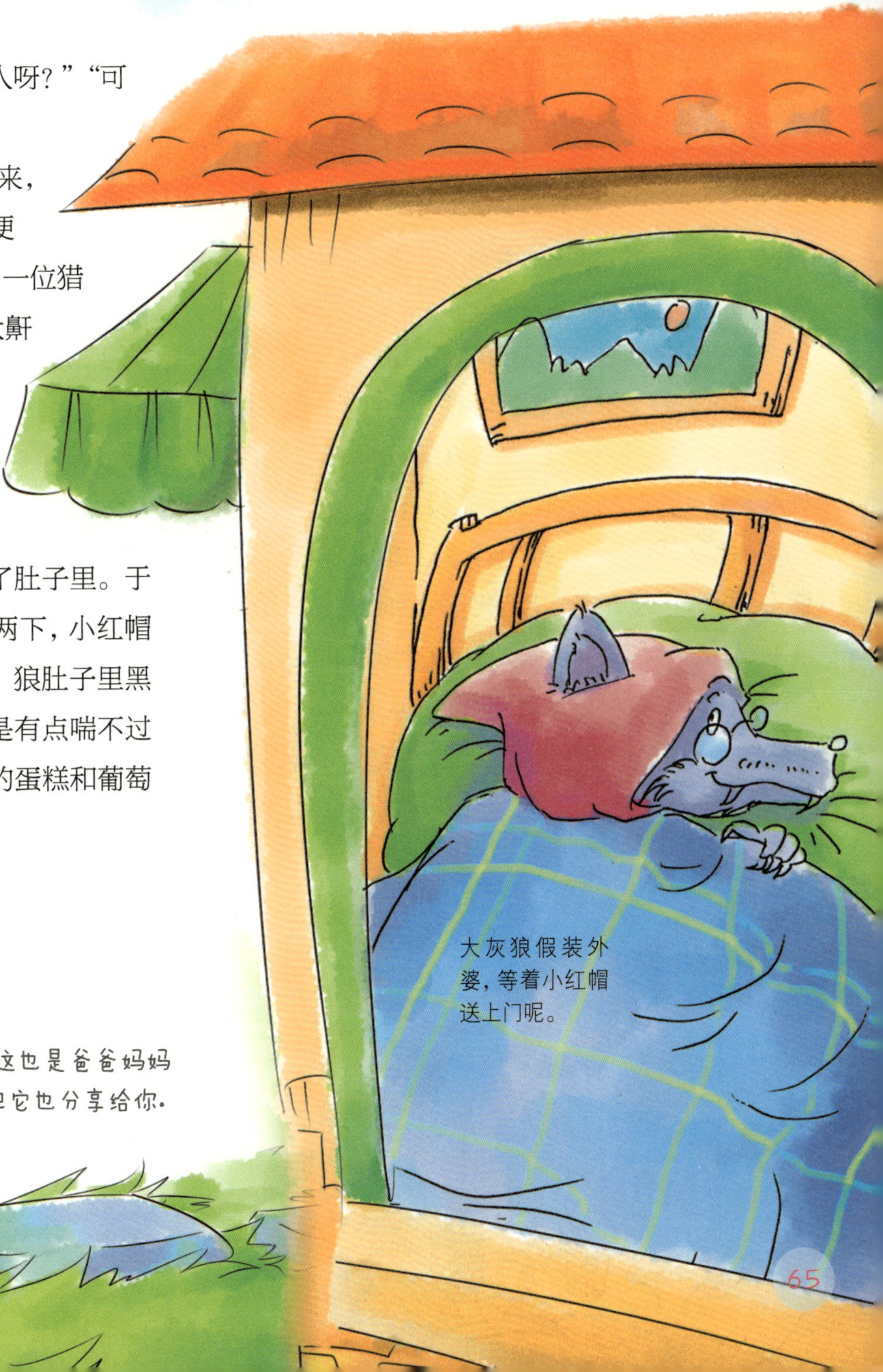

大灰狼假装外婆，等着小红帽送上门呢。

宝宝，爸爸有话对你讲：

宝宝，小红帽的故事很好听吧。这也是爸爸妈妈小时候经常听的童话，现在爸爸把它也分享给你。

铁杵磨成针

字数 407 个　时长 4 分钟　有爱指数★★★★★ 超有爱！！！

李白是唐代的大诗人，但是他小时候读书可没什么耐心。

有一天，他读书读到一半就不耐烦了，说：“这么厚一本书，什么时候才能读完啊！”于是他干脆不读了，把书一扔就溜出去玩了。

走着走着，李白在河边看见一位老奶奶正在磨刀石上用力地磨着一根铁棒。李白觉得很奇怪，便走过去蹲了下来，傻傻地看了好一阵。老奶奶也不理会他，只是全神贯注地磨着。

过了好一会儿，李白终于忍不住了，问道：“奶奶，您这是干什么呢？”

“我在磨一根针来缝衣服。”老奶奶一边说一边头也不抬专心地磨着针。

“磨针？”李白更加奇怪了，“这么粗一根铁棒怎么能磨成针呢？”

老奶奶这才抬起头来说道：“孩子，铁棒再粗，我天天磨，还怕它磨不成一根针吗？”

李白听了老奶奶的话，被她的毅力与意志所感动，恍然大悟：“对呀！只要有恒心，再难的事情也能做成功，读书不也是这个道理吗？”

于是，他立刻转身跑回家，专心读书，从此再也不偷懒了。后来他成了中国历史上一位伟大的诗人，被后人称为“诗仙”。

这么粗的铁棒，只要坚持磨就能磨成针。

宝宝，爸爸有话对你讲：

宝宝，李白是唐代有名的大诗人，他之所以取得这样高的成就，与他耐心读书、刻苦做学问是分不开的。

司马光砸缸

字数 280 个　时长 3 分钟　有爱指数★★★★★ 超有爱！！！

司马光七岁的时候，很好学，而且像大人一样非常懂事。

他听到老师讲解《春秋》，非常喜爱。放学后回到家里，都会向家人讲述他每天学到的新知识。因此，司马光每读一本书，都对书里的内容有了深刻的理解。从此，他越发书不离手，甚至忘记了饥渴、冷热，一心扑到了书里。

有一次，他跟小伙伴们在后院里玩耍。院子里有一口大水缸，有个小孩爬到缸沿上玩，一不小心，掉到了缸里。缸很大，水很深，眼看那小孩就要被淹没了。别的孩子一见出了事，都吓得边哭边喊，跑到外面向大人求救。

司马光却急中生智，从地上捡起一块大石头，使劲向水缸砸去。“砰！”水缸破了，缸里的水流了出来，被淹在水里的小孩也得救了。

宝宝，爸爸有话对你讲：

宝宝，司马光在很小的时候就这么机智，这与他平时喜欢读书，善于总结思考有很大的关系。我们要学习司马光乐于助人、临危不乱的沉稳，不管遇到什么样的难题，首先想到的是思考解决的方法，而不是手忙脚乱。

司马光急中生智救了小伙伴。

爱迪生孵小鸡

字数 486 个　时长 5 分钟　有爱指数★★★★★ 超有爱！！！

爱迪生小时候就热爱科学，凡事爱寻根追底，都要动手试一试。

有一次，他看到母鸡在孵蛋，就好奇地问妈妈：“母鸡为什么卧在蛋上不动呢？是不是生病了？”妈妈告诉他，母鸡是在孵小鸡，过一些日子，蛋壳里就会钻出鸡宝宝来。听了妈妈的话，爱迪生感到新奇极了。他想，母鸡卧在鸡蛋上就能孵出小鸡来，那人卧在上边行不行？他决定试一试。

爱迪生从家里拿来几个鸡蛋，在邻居家找了个僻静的地方。他先搭好一个窝，在下边铺上柔软的茅草，再把鸡蛋摆好，然后蹲坐在上边，他要亲眼看看鸡蛋是怎样孵成小鸡的。

天快黑下来了，还不见爱迪生回家，家里的人都非常着急，到处找他。找来找去，才在邻居的后院找到了爱迪生。只见他坐在一个草窝上一动也不动，身上、头上沾了不少草叶。家里人见了，又生气又好笑，问他：“你在这儿干什么呢？”“我在这儿孵蛋啊！小鸡快要孵出来了。”“孵什么蛋，快点出来！”爸爸大声说道。“母鸡能孵蛋，我要看看怎样孵出小鸡来。”“不行，不行！快回家！”爸爸又呵斥道。妈妈却没有责怪和取笑他，而是微笑着说：“人的体温没有鸡的体温高，你这样是孵不出小鸡来的。”爱迪生虽然没有孵出小鸡来，但是通过这次孵蛋增长了知识。

可爱的爱迪生也学鸡妈妈的样子孵起小鸡来。

宝宝，爸爸有话对你讲：

宝宝，爱迪生一生中发明了很多东西，他从小就特别爱动脑筋，看到不懂的问题就想要弄个明白。孩子，如果你也想像爱迪生一样聪明，就要从小学会勤思考。

凿壁借光

字数 386 个　时长 4 分钟

有爱指数★★★★★ 超有爱！！！

对知识的渴求促使小匡衡凿壁借光也要发奋读书。

西汉时候，有个农民的孩子叫作匡衡。他小时候很想读书，可是因为家里很穷，没钱上学。后来他跟一个亲戚学认字，才有了看书的能力。

但匡衡买不起书，只好借书来读。那个时候，书是非常贵重的，有书的人不肯轻易借给别人。匡衡就在农忙的时节，给有钱的人家打短工，不要工钱，只求人家借书给他看。

过了几年，匡衡长大了，成了家里的主要劳动力。他一天到晚在地里干活，只有中午歇晌的时候，才有工夫看一会儿书，所以一卷书常常要十天半月才能够读完。匡衡很着急，心里就想：白天种庄稼，没有时间看书，我可以多利用一些晚上的时间来看书。可是匡衡家里很穷，买不起点灯的油，怎么办呢？

有一天晚上，匡衡躺在床上背白天读过的书。背着背着，突然看到墙上透过来一线光亮。他霍地站起来，走到墙壁边，把墙缝挖大了一些。这样，透过来的光亮也大了，他就凑着透过来的灯光，读起书来。匡衡就是这样刻苦地学习，后来成了一个很有学问的人。

达·芬奇学画

字数 338 个　**时长** 4 分钟　**有爱指数** ★★★★☆

达•芬奇十四岁那年，到佛罗伦萨拜著名艺术家弗罗基俄为师。弗罗基俄是位很严格的老师，他给达•芬奇上的第一堂课就是画鸡蛋。第一节课，达•芬奇画得很有兴致，可是第二节课、第三节课老师还是让他画鸡蛋，这使达•芬奇想不通了，小小的鸡蛋有什么好画的？有一次，达•芬奇问老师："为什么老是让我画鸡蛋？"老师告诉他："鸡蛋虽然普通，但是天下没有绝对一样的，即使是同一个鸡蛋，角度不同，投过来的光线不同，画出来也不一样，因此画鸡蛋是基本功。基本功要练到画笔能圆熟地听从大脑的指挥，得心应手，才算功夫到家。"达•芬奇听了老师的话，很受启发。

于是，达•芬奇每天拿着鸡蛋，一丝不苟地照着画。一年，两年，三年……达•芬奇画鸡蛋用的画纸已经堆得很高了。他的艺术水平很快超过了老师，终于成为伟大的艺术家。

听了老师的教导，达•芬奇仔细地画起鸡蛋来。

宝宝，爸爸有话对你讲：

达•芬奇不畏枯燥，对艺术追求的耐力无人可比，最终才画得那么出色，成为一代大师，爸爸从中也感受到了坚持的力量。我的宝宝啊，要做成任何一件大事，都得从小事开始做起，生活中的一切细微之处都需要达•芬奇的这种精神，才能做到出色，做到最好。爸爸希望你能记住这个画了三年鸡蛋的大画家，懂得万事打好基本功的道理。

牛顿与苹果的故事

字数 246 个　时长 3 分钟　有爱指数★★★★★ 超有爱！！！

传说 1665 年秋天的一天，牛顿坐在自家院里的苹果树下，苦思着行星围绕太阳运行的原因。

这时，一只熟透了的苹果恰巧落下来，落在牛顿的脚边。这是一个不平凡的瞬间，这次苹果下落与以往无数次苹果下落不同，因为它引起了牛顿的注意。

牛顿从苹果落地这一自然现象中，找到了苹果下落的原因——引力的作用。也正是这种引力的作用，使得行星围绕着太阳运动。

据说这个故事是由牛顿的外甥女巴尔顿夫人告诉法国哲学家、作家伏尔泰的，伏尔泰将它写入了《牛顿哲学原理》一书中，从而流传开来。而牛顿家乡的这棵苹果树，后来被移植到了剑桥大学中。

宝宝，爸爸有话对你讲：

宝宝，爸爸上学的时候，在中小学教科书中不止一次接触到牛顿这一非同凡响的名字。他是英国伟大的物理学家、数学家和天文学家，提出了万有引力定律、力学三大定律等。孩子，牛顿是今后你学习道路上的好榜样，善于思考、一心钻研，是做任何事情取得成功的前提。

聪明的一休

字数 752 个　时长 7 分钟　有爱指数★★★★★ 超有爱！！！

一休小和尚九岁的时候，师父出去了，吩咐大家好好在庙里看庙、用功。一休是小孩子，在大殿里待不住，就去找他师兄去。在方丈室找到师兄，师兄比一休大两岁，正在方丈室里哭呢。

“你哭什么？”一休问道。

“不得了了，我惹大祸了！”

一休说：“我们是学禅的人，不能哭啊！”

“你不知道，这柜子里有师父最喜欢的东西，他平时背着我拿出来看，自己欣赏，就是不让我看，今天师父走了，我实在忍不住了，看看到底是什么。我就打开了，看见是个瓷器，我也拿在手里玩一玩，看一看，一下子给摔碎了。这回不得了了，师父回来我没法过日子了，我真的倒霉了！”

“唉！你别哭了，你把这个东西交给我，算是我摔的。”

师兄说：“算是你摔的，我怎么报答你呢？这样吧，师父本来让我去看方丈的，给我带了馒头吃，我给你吃。”“好，馒头归一休吃，瓷器算一休摔的。”说完，一休就把碎瓷片包在一块儿搁在口袋里了。

宝宝长大了要像一休那样用智慧解决难题。

师父回来一进门就问："一休呀，你在用功吗？"

"啊！我一整天都在大殿参禅，参一个问题，我参得非常专心。"

师父说："你参的什么问题呀？"

他说："我就是要参，到底有没有一个人是永生的？有没有？"

"哎呀！我的傻徒弟啊，哪有一个人是永生的，一切都无常啊，哪有一个人能永生哪！"

"啊！这样啊！师父，人都是要离去的，通通是无常的，没有人永生。那么东西呢？有没有一样东西能够常存啊？"

"一样啊，无情之物也是无常啊！总是要坏的，因缘聚了就有，因缘散了就坏。"

"噢，是这样，这样的话，如果我们心爱的东西要是坏了的话，我们也不应该伤悲啊！"

"对呀！缘散就坏了，自己心爱的东西缘散了，就没有了。"

"师父，这儿有一个缘散就坏了的东西。"一休把口袋里一包碎瓷交给师父，师父接过来看了看，没有发脾气。

就这样，一休用自己的智慧聪明地化解了师兄的遭遇，也安抚了师父，让他不必动气。

多么聪明的小一休呀！

宝宝，爸爸有话对你讲：

宝宝，《聪明的一休》是陪伴爸爸妈妈长大的一部动画片，里面的主人公一休是个聪明、调皮的小和尚，在他身上发生了许多好玩的故事，爸爸至今回忆起来都觉得有趣。以后我们见面了，爸爸希望能讲更多关于他的故事给你听。

大手牵小手永远是好朋友。

大头儿子和小头爸爸

字数 440 个　**时长** 5 分钟　**有爱指数** ★★★★★ 超有爱！！！

大头儿子是个活泼可爱的大头小孩，小头爸爸是个宽容、开明的爸爸，他总是给予大头儿子更多的想象力，总是能满足大头儿子的一颗童心。平日里大头儿子和小头爸爸是一对好朋友，他们总是一起玩耍。

这一天，大头儿子和小头爸爸去森林里玩，在森林里造了一个小木屋。半夜里小木屋的屋顶被大风刮走了。善良的小鸟们看到父子俩住在漏风的小木屋里，就从自己的窝里飞出来，落到屋顶的树枝上挤在一起，替他们挡住大风。

天亮以后，大头儿子和小头爸爸谢过了鸟儿们，就打算到森林深处去。为了不迷路，小头爸爸用小木板设了一个路标。他们回来的时候，却发现路标被拿走了，这下子他们迷路了。尽管后来他们走了很多路才找到小木屋，可他们结识了很多有趣的猴子朋友。

在森林里，大头儿子和小头爸爸受到很多动物的热心帮助，玩得很尽兴。在离开森林回家前，他们给一个个胆小的蘑菇围上了坚固的院子，这样到了晚上蘑菇就可以安心地睡觉了。他们还在孤单的树叶床前，搭起了一架架小梯子，让小动物们可以爬上去，在树叶床上打滚、翻跟斗……

这样，森林再也不寂寞了。

宝宝，爸爸有话对你讲：

宝宝，大头儿子和小头爸爸是多么令人羡慕的一对父子啊。记得爸爸小时候看这部动画片的时候，内心总是充满着温暖和感动。未来，不管你是儿子还是女儿，爸爸都做你的好朋友，和你一起玩耍，陪你一起成长。

马达加斯加的企鹅

字数 378 个　时长 4 分钟　有爱指数★★★★★ 超有爱！！！

《马达加斯加的企鹅》是梦工厂出品的一部喜剧动画电影。影片讲述了四个企鹅在全世界各地冒险的故事。这部影片延续“马达加斯加”系列影片一贯的爆笑风格，令人捧腹。

为了给最疼爱的小老弟菜鸟企鹅庆祝生日，企鹅老大带领菜鸟以及好搭档科斯基、瑞哥闯入了防守最严密的美国黄金储备中心，只为找到金库尽头仅有的那台销售炸薯条的自动贩卖机。

谁知他们刚刚完成任务没多久，便被长着触角的贩卖机吞了进去，随后被运到一个神秘的地点。在全封闭的设施内，四只企鹅见到了伪装成基因遗传科学家的章鱼戴夫。原来戴夫曾是动物园的一只明星章鱼，但随着萌态十足的企鹅们的到来，他便跌入了绝望的深谷。因此戴夫潜心研制了可怕的血清，发誓要向所有他曾待过的动物园中的企鹅展开报复。企鹅老大和伙伴们在逃亡途中得到了北风特工队的救助，而他们和这些高傲的特工队员将分别阻止戴夫的阴谋，一场笑点满满的冒险之旅由此展开。

宝宝，爸爸有话对你讲：

宝宝，憨态可掬的小企鹅脑中装满了奇奇怪怪的想法，由此引发了一段段奇妙又搞笑的故事。将来爸爸一定会将这部影片播放给你看，让你和爸爸一同感受这非凡的快乐。

千与千寻

字数 445 个　时长 5 分钟　有爱指数 ★★★★★ 超有爱！！！

《千与千寻》是宫崎骏执导的一部动画电影，曾获得奥斯卡最佳动画长片奖，在国际上有很高的声誉。

年仅 10 岁的千寻——一个看起来非常普通的四年级小学生，随父母搬家来到一个陌生的城镇，准备开始全新的生活。

然而，因为途中迷路，她和父母误闯入了一个人类不应该进入的神灵小镇。小镇的主管是当地一家叫“油屋”的澡堂的巫婆——汤婆婆。而“油屋”则是服侍日本八百万天神洗澡的地方。镇上有一条规定：在镇上凡是没有工作的人，都要变成猪被吃掉。千寻的父母由于贪吃，未经过店员允许就随便触碰食物，而遭到惩罚变成了猪。

千寻为了拯救父母，在汤婆婆的助手“白龙”的帮助下进入澡堂，并成功地获得了一份工作。作为代价，她被汤婆婆夺走了名字，成了“千”。

在澡堂工作的过程中，千从一个娇生惯养、什么活都不会做的小女孩，逐渐成长，变得越来越坚强能干；同时，她善良的品格也开始得到了澡堂中其他人的尊重，而她和白龙之间也萌生出一段纯真的感情。

为了拯救父母和对自己重要的人，面对各种困难和危险，千一次次做出了自己的选择，最终拯救了父母并回到了人类的世界。

宝宝要像千寻小朋友那样，做一个善良、独立和勇敢的孩子。

雪孩子

字数 508 个　时长 5 分钟　有爱指数★★★★★ 超有爱！！！

寒冬季节，兔妈妈要出门去，她怕小兔一个人在家孤单，便给他堆了个雪人，用两个龙眼核做眼睛，使漂亮的雪孩子神采奕奕。

兔妈妈走了，雪孩子动了起来。小兔和雪孩子一起滑雪，他们一会儿滑上山坡，一会儿又滑过树丛。后来，小兔玩累了，就回到小木屋睡觉。雪孩子在树林里和松鼠玩起来。雪越下越大，但小木屋里却温暖如春，原来屋里生着火炉。小兔睡着了，他翻了个身，被子滑下来被火烧着了。火势蔓延开来，小木屋窗户里冒出了浓烟。雪孩子看到小木屋着了火，立刻赶回来，冲进小木屋，将雪球扔向烈火，但火越烧越大。雪孩子再次冲入大火，与大火搏斗。雪孩子是雪做的，温度升高了之后会迅速融化，雪水一下子流满了他的全身。

这时，小兔醒了，叫着："妈妈！"雪孩子看到小兔有危险，不顾一切地扑进大火，抱起小兔又冲出来。可是雪孩子的身子已经越来越瘦小了，等他把小兔救出小木屋后，自己化成了一摊雪水。

兔妈妈回来了，看到小木屋被烧毁，急得到处寻找小兔。忽然小兔扑过来叫着："妈妈！"兔妈妈喜出望外。可小兔看着地上一汪清水和两个龙眼核，伤心地哭了。兔妈妈明白了，她安慰小兔说："雪孩子还和我们在一起。"果然，太阳出来之后，水化为蒸汽，幻化成雪孩子模样的云朵，徐徐升向高空。

宝宝，爸爸有话对你讲：

宝宝，这个经典的动画片，在告诫孩子们做人的基本道理之外，更体现了全人类美好的情操。

谢谢老爸精选的音乐，我和妈妈都爱听

- 准爸爸每天播放几首音乐，孕妈妈和胎宝宝都会感到非常舒服。
- 经常听音乐的胎宝宝，性格更好。
- 一首悠扬的乐曲，能增进准爸爸和孕妈妈的感情。

小狗圆舞曲

宝宝，你知道小狗是什么吗？它是我们最好的朋友，会汪汪叫，会看家，还会跳舞呢！不信，那就来听听这首《小狗圆舞曲》吧！

《小狗圆舞曲》小档案

- 创作者：波兰钢琴家肖邦
- 创作时间：1846—1847 年
- 创作背景：看到朋友的小狗在追逐着自己的尾巴不停地旋转，顿时获得灵感，创作了此曲。
- 欣赏提示：乐曲以快速度进行，在很短的瞬间终了，中间有一段优美的抒情，好像小狗追尾巴玩后休息片刻，懒散舒适。
- 时长：1 分钟

这是波兰作曲家、钢琴家肖邦的作品，他一生共创作了 15 首钢琴圆舞曲。《小狗圆舞曲》是最通俗、最流行的一首曲子。这首乐曲的速度较快，时间约 1 分钟，所以又叫《一分钟圆舞曲》。

舞曲的第一段速度极快，节奏流畅、回旋，像一只小狗追着自己的尾巴旋转，有点急切，动作滑稽。中间一段是抒情段落，深情、清新、委婉，虽然只有短短的 4 小节，但特点鲜明，表现力丰富，使音乐显得格外活泼雅致。

这是一首节奏明快、层次分明的乐曲，会给孕妈妈带来愉快、轻松的好心情。这种好心情也会感染胎宝宝，让他从中体会到音乐的美和愉悦感，有助于其心理及身体的良好发育。

宝宝，爸爸有话对你讲：

小狗怎么也会跳舞呢？爸爸跟你讲讲肖邦创作这首曲子的灵感来源，你就会明白了。肖邦 20 岁时，在朋友的家里，看见一只小狗追着自己的尾巴不停地旋转，越来越快……小狗的这个怪“兴趣”让年轻的肖邦立刻产生了创作灵感，即兴演奏了这曲《小狗圆舞曲》。

蓝色多瑙河

清晨河面的薄雾散去，洒满了金光，随后而来的五个小圆舞曲分别带来了蓬勃的生机、柔和的姿态、欢乐淳朴的跳跃旋律、幸福的气氛和欢乐满人间的气氛。

这就是《蓝色多瑙河》所呈现的美好意境，宝宝在妈妈的腹中也会被这份幸福和美好所吸引。

乐曲的全名是“美丽的蓝色的多瑙河旁圆舞曲”，来自于卡尔·贝克的一首美丽的诗。

你多愁善感，你年轻，美丽，温顺好心肠，
犹如矿中的金子闪闪发光，真情就在那儿苏醒，
在多瑙河旁，美丽的蓝色的多瑙河旁。
香甜的鲜花吐芳，抚慰我心中的阴影和创伤，
不毛的灌木丛中花儿依然开放，夜莺歌喉啭，
在多瑙河旁，美丽的蓝色的多瑙河旁。

四小天鹅舞曲

《四小天鹅舞曲》是舞剧《天鹅湖》第二幕里的一段舞曲，描写了四只小天鹅在洒满月光的天鹅湖上翩翩起舞的情景，表达了小天鹅们的欢乐心情。

乐曲活泼、优雅的旋律，可以令人放松心情，缓解心理疲劳和不适。所以，当孕妈妈感到劳累时，准爸爸最适合把这首曲子放来听一听。

田园

这首乐曲是贝多芬最受欢迎的交响曲之一，表达了对大自然的依恋之情。乐章特别展现了“初到乡村时的愉快感受”“溪边小景”“乡村欢乐的集会”“暴风雨”等情景，最后的“牧歌”主题恬静开阔，像牧人在田野中歌唱，表现了雨过天晴之后的美景。

在音乐中，孕妈妈是否感觉呼吸到了雨后清新的空气？美妙的清晨、花香的味道以及村民聚会的声音是否让孕妈妈身体得到彻底的放松？如果这时候正好下雨了，别忘了在雨后带胎宝宝到平坦的路面一起感受雨后的美景。

鸟语花香、潺潺流水、花开叶落……大自然奏响的美妙音乐淳朴、天然，准爸爸播放这首音乐时，孕妈妈可以用心去感受一下。孕妈妈聆听自然，可以锻炼胎宝宝对声音的知觉，提高他对不同声音的分辨能力，为宝宝将来分辨不同的音色做好准备。

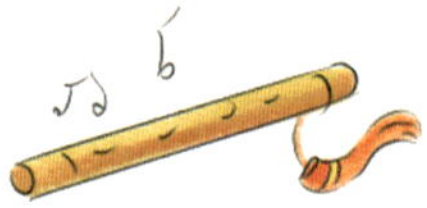

魔笛

《魔笛》是莫扎特根据幻想童话叙事诗《璐璐的魔笛》谱写而成。乐曲在欢快的气氛中，营造了一种神秘的氛围，准爸爸播放这首音乐时，孕妈妈可以在音乐中欣赏到一个童话般神奇的世界。乐曲中精美的弦乐声华丽而流畅，如泉水源源不断涌出，象征着光明和美好的生活。孕妈妈用心聆听，将这份美好传递给胎宝宝，让胎宝宝的身心健康发展。

宝宝，爸爸有话对你讲：

宝宝，柔和轻快的《田园》、童话般的《魔笛》，你感受到这些曲子的美妙了吗？爸爸会经常为你播放一些优美的曲子，等你出生后再听到这些曲子时，会不会感到很熟悉呢？

月光奏鸣曲

几乎没有一首名曲像这首奏鸣曲一样，因“月光”一词而名满天下、家喻户晓。之所以被称为“月光”，是源于德国诗人路德维希·莱尔什塔勃形容此曲的第一乐章“犹如在瑞士琉森湖，月光闪烁的湖面上摇荡的小舟一般”。贝多芬则称这首乐曲“好像一首幻想曲一样的”。

宝宝，聆听这首曲子时你会感受到，乐曲速度由慢变快，情绪也一步比一步热烈，表现了坚强的意志和力量，显示了贝多芬所特有的感染力，给人以精神上的鼓舞和高尚美的享受。其中第一乐章速度很慢，水波荡漾，蕴含着幻想的气息、宁静的感觉，非常适合胎宝宝聆听。

《月光奏鸣曲》小档案

- 创作者：德国作曲家贝多芬
- 创作时间：1801 年
- 创作背景：一个月夜，在莱茵河畔的茅屋里，为偶然遇到的喜爱他音乐的兄妹俩弹奏的钢琴曲。
- 欣赏提示：我们常听的是第一乐章，它速度很慢，水波荡漾，蕴含着幻想的气息、宁静的感觉，非常适合胎宝宝聆听。
- 时长：6 分钟

宝宝，爸爸有话对你讲：

宝宝，你要听这首贝多芬的《月光奏鸣曲》吗？爸爸和妈妈听着听着，也在畅想等你长大了我们一起去洒满月光的湖面上感受那片宁静和美好。

小步舞曲

《小步舞曲》小档案

- 创作者：奥地利作曲家莫扎特
- 创作时间：1779-1780 年
- 创作背景：庆祝贵族朋友从萨尔茨堡大学毕业而作，具有明显的宫廷音乐风格。
- 欣赏提示：能描绘许多礼仪上的动态，风格典雅优美；旋律流畅、伴奏清晰，速度从容，气质大方。
- 时长：4 分钟

这首《小步舞曲》是一种起源于法国民间的三拍子舞曲，法文词意为“舞步很小的舞蹈”。莫扎特的这首《小步舞曲》以典型的小步舞曲特点和舒展典雅的旋律，深受人们的喜爱。在《小步舞曲》明快的气氛中，孕妈妈也可以轻轻迈开步伐，随着旋律缓缓舞动起来。

乐曲在第一小提琴和中提琴的八度齐奏中开场，在这段优美的旋律之后，主旋律宛如连绵不断的涓涓细流，柔和而舒展；最后，乐曲再现第一部分，并在明快的气氛中结束。孕妈妈在欣赏时，可以更多地去感受其中不急不躁的典雅和明快流畅的清新愉悦，在旋律中让自己心境平复，并传递给胎宝宝。

宝宝，爸爸有话对你讲：

宝宝，你感受到了吗？伴着这首莫扎特的《小步舞曲》妈妈带着你舞动起来了，虽然因为你，妈妈的肚子鼓鼓的，但是她还是那么优雅，宝宝，你是不是也在起舞？

雨滴

下雨的时候，准爸爸为孕妈妈播放一首《雨滴》，让孕妈妈闭上眼睛感受雨滴在琴键上轻轻跳动，演绎动听的乐曲。小雨不仅带来了清新的世界，更带来了美丽的生命，正如胎宝宝对于孕妈妈的意义一样。

孕妈妈欣赏这首作品的时候，别忘了“唤醒”胎宝宝，和他一起沉醉在大自然的悠然中。而结尾处，随着音乐渐行渐远，“雨滴”慢慢地停下来，也会让孕妈妈和胎宝宝沉浸在美好的想象中。

优美的音乐能使孕妈妈心旷神怡，产生美好的憧憬，并能将美好的音乐信息传递给胎宝宝，使胎宝宝受到感染。这极利于胎宝宝智力的发展和性格的塑造。

降 E 大调夜曲

这是一首明朗的田园风格夜曲，优美且饱含诗意，宽广如歌的旋律，摇摆、荡漾的和声，把人带进了宁静的月夜之中。凝神沉思，忘却一切忧愁与烦恼。

随着肚子的增大，孕妈妈更容易感觉到疲劳。临睡前，准爸爸不妨放一下这首曲子，让孕妈妈躺在床上静静聆听这首舒缓的乐曲，可以让自己更快地平静下来，有助于睡眠。

“夜曲”作为钢琴作品的一种创作方式，最早是由爱尔兰作曲家约翰•菲尔德首创的。其旋律优美，富于歌唱性，表现了夜的沉静与人的内心情感，而肖邦的《夜曲》是这一体裁最为出色的代表作。肖邦的音乐优美温柔，情感细腻，浪漫甜美，会让孕妈妈感叹：原来音乐的世界是如此的美丽！

聆听一些悠扬清新的音乐，可以使孕妈妈身心得到放松，并拥有即将成为母亲的幸福感，这种幸福感必然会产生极有益的内分泌物质，带给胎宝宝最好的精神营养。

春之声圆舞曲

孕妈妈在美妙的音乐中是否感受到了春天的美好之景？相信听到这首音乐的人都会和小约翰•斯特劳斯一样，心怀对大自然的无比热爱之情。

孕妈妈在身体疲惫或者心情烦闷的时候，不妨打开音响来聆听这首乐曲，春天的美好会带给你无穷的活力。

《春之声圆舞曲》的声乐版本的歌词通过文字向我们传递了春天的生机勃勃，一切都是美丽、幸福的开始，正如胎宝宝对孕妈妈的意义，孕妈妈将这份感动也详细描述给胎宝宝吧！

合适的音乐胎教，意义是双重的，一方面可以让孕妈妈心情愉悦，改善情绪状态；另一方面给胎宝宝以良好的刺激，促进胎宝宝的健康发育。因此，孕妈妈还是多听听那些美好的音乐吧。

维也纳森林的故事

春天的早晨，在美丽的蓝色多瑙河畔，晨曦透过大树茂密的叶子洒在挂满露珠的草地上，小鸟在林间婉转啼鸣，牧童的牧歌和角笛……

这就是这首《维也纳森林的故事》所描述的景色。为了使乐曲具有浓郁的乡土气息，该曲的作者小约翰•斯特劳斯在管弦乐队里破例地加上了奥地利的民间乐器——齐特尔琴，为音乐增添了浓厚的奥地利民族色彩。

宝宝，爸爸有话对你讲：

宝宝，《春之声圆舞曲》通过生动流畅的旋律和自由灵活的节奏，生动地描绘了大地回春、冰雪消融、万物复苏的景象。等你出生之后，爸爸会带你到大自然中感受真正的四季。

糖果仙子

这是著名的芭蕾舞剧《胡桃夹子》中第二幕的舞曲，光听曲名就令人心驰神往。

音乐讲述了圣诞节的夜晚，剧中的小女孩梦见自己的圣诞礼物胡桃夹子正和老鼠军队大战，正当老鼠快要获胜的时候，小女孩拿起拖鞋向老鼠扔过去，因而打败了老鼠军。这时候，胡桃夹子也变成一位英俊的王子。王子为了答谢小女孩的救命之恩，就带她到由各种糖果做成的“糖果仙国”宫殿中，受到了糖果仙子的欢迎，而且享受到各种美味可口的糖果。

孕妈妈在听的时候可以在脑中想象仙子们的美丽舞蹈，再勾勒一下胎宝宝手舞足蹈的可爱模样，这份甜蜜也会传递给他。

《糖果仙子》小档案

- 创作者：俄罗斯古典作曲家柴可夫斯基
- 创作时间：1891 年
- 创作背景：芭蕾舞剧《胡桃夹子》第二幕的舞曲。
- 欣赏提示：这段音乐用钢片琴来演奏旋律，音调既甜美腻人，又清脆透明，编织出梦幻般的世界，带给人无限的想象空间。
- 时长：2 分钟

月光下的凤尾竹

《月光下的凤尾竹》是一首著名的傣族乐曲，由著名音乐家施光南谱曲，以葫芦丝演奏的版本最为常见。

乐曲为我们描绘了这样一幅画面：最后一片晚霞依依不舍地挥袖道别，将一切交给了静夜。夜幕下，月牙露出清凉的笑脸，小星星躲在月牙身后，调皮地眨着好奇的眼睛。月色流泻，轻柔地将神秘的薄雾洒在一株株凤尾竹上。竹林中传来了阵阵葫芦丝悠扬婉转的声音……

牧童短笛

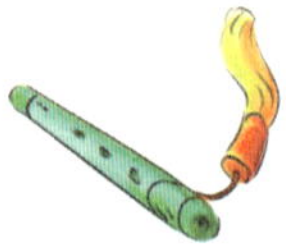

《牧童短笛》是一首富有浓厚中国江南风格的钢琴小品，经过半个多世纪的考验，它当之无愧地被公认为“一部真正中国风格的钢琴曲”。

悠扬的音乐可以使孕妈妈心旷神怡，胎宝宝也会受到感染，随着音乐轻轻舞动。孕妈妈还可以在脑中勾勒出牧童在牛背上吹笛子的美丽画面，和胎宝宝一起欣赏，这将对胎宝宝的健康成长起到不可估量的作用。

宝宝，爸爸有话对你讲：

《牧童短笛》以清新流畅的线条，用二声部复调旋律，成功地模仿出我国民间乐器——笛子的特色，乐曲犹如一幅淡淡的水墨画，勾画出一幅人与大自然相融合的美好和谐的画面：一个牧童悠闲地吹着笛子，在田野里漫游。

春江花月夜

《春江花月夜》源于唐代张若虚的同名诗，描写了春天的晚上，月照江面的壮阔景色。只看这首曲子的题目都会令人心驰神往——春、江、花、月、夜，这五种事物集合在一起，多么宁静的良辰美景。夕阳西下，夜色渐起时，最适合听这首曲子。

全曲共分十段：江楼钟鼓、月上东山、风回曲水、花影层叠、水深云际、渔歌唱晚、回澜拍岸、桡鸣远濑、欸（āi）乃归舟和尾声。

欸乃归舟是全曲高潮，这段音乐描绘的是小舟归途、划船回家的欢快，桨击浪涌声响彻江面，达到了情绪意境的顶峰。它的旋律由慢而快，由弱而强，层层递进，如春风鼓荡，可以调动孕妈妈的情绪，使之经过一天的劳累后得到放松。

孕妈妈在心情烦躁时，准爸爸很适合播放这首曲子，可以让孕妈妈融入到月夜春江的迷人景色之中，在这幅色彩柔和、清丽淡雅的山水长卷之中变得心旷神怡。

《春江花月夜》小档案

- 来源：唐代诗人张若虚同名诗作《春江花月夜》，1895年由琵琶演奏家李芳园标出十个华丽的小标题。
- 艺术类别：民族乐器古筝
- 欣赏提示：旋律典雅、轻快、细腻、流畅，并具有绵延起伏和级进等特点，可以放松孕妈妈的心情。
- 时长：10分钟

伫立在月夜春江畔，沉醉其中，心情变得安宁放松。

《高山流水》小档案

- 创作者：春秋战国时期楚国人俞伯牙
- 艺术类别：民族乐器古琴
- 欣赏提示：由缓而疾，在层层跌宕中完成人与自然的和谐交融。
- 时长：6分钟
- 寓意：既是一曲对祖国壮丽河山的颂歌，又成为挚友间深厚情谊的象征。

高山流水

古琴曲《高山流水》分为《高山》和《流水》两部，描写宏伟的高山和波涛的流水，相传为伯牙所作。

乐曲运用了古琴的“泛音、滚、拂、绰、注、上、下”等指法，描绘了流水的各种动态，呈现出山水相映、水天一色的景象，抒发了志在流水，智者乐水之意。

全曲由静而动，由缓而疾，由婉转到跌宕，由点滴到浩荡，在力度和节奏的澎湃中，大自然的情景与人类的情感达到了高度的交融。

宝宝，爸爸有话对你讲：

宝宝，关于伯牙有一个很有名的故事。相传，伯牙在荒山野地弹琴，一个砍柴的樵夫（钟子期）经过，听懂了曲子的意境，并描绘“巍巍乎志在高山”“洋洋乎志在流水”。伯牙大喜，道：“相识满天下，知音能几人！”他们约好两年后见面，可是两年后钟子期已经病逝，伯牙悲痛欲绝，他知道子期是唯一能够听懂他音乐的人，再不会有人听懂他的音乐了，于是在子期的坟头摔碎了他心爱的琴。

关山月

宝宝,《关山月》这首乐曲虽然短小，但音韵刚健而质朴，气魄宏大，抒发了壮士的情怀，真挚而感人，富有浓厚的北地(指中国古代地名北地郡，其地域大致在今陕西、甘肃、宁夏一带)音乐风味。

《关山月》起初是器乐独奏，后来有人用李白《关山月》的十二句歌词给以配唱，准爸爸可以为宝宝读一读李白的这首诗，让宝宝更深入地感受这首乐曲。

关山月

明月出天山，苍茫云海间。
长风几万里，吹度玉门关。
汉下白登道，胡窥青海湾。
由来征战地，不见有人还。
戍客望边邑，思归多苦颜。
高楼当此夜，叹息未应闲。

平沙落雁

宝宝，你能想象出“秋高气爽，风静沙平，云程万里，天际飞鸣”是何种景象吗？我们今天要听的这首《平沙落雁》，就能展现出这种景象。

平沙落雁，本为北宋沈括《梦溪笔谈·书画》中所描述的潇湘八景之一，在今衡阳市回雁峰。“山到衡阳尽，峰回雁影稀。更怜归路远，不忍更南飞。”由于古人地理知识的局限性，误以为雁到衡阳不再南飞。当北方天气转冷，雁阵南行，旷野平沙，芦苇丛丛，常常引来雁阵栖宿，形成了一幅非常美丽的秋雁戏沙图。

当孕妈妈感觉胎动过于频繁或者自己容易急躁的时候，可以让准爸爸播放这首乐曲，缓慢柔和的曲调可以带给孕妈妈轻盈安详的感受，进入平和、安静的氛围，能够使孕妈妈和胎宝宝逐渐安定，有益于胎宝宝的身心健康。

出水莲

莲花是花中君子,《出水莲》正是以花喻人，并借莲花表达了对高尚品格和美好形象的由衷赞美。

乐曲的旋律优雅高洁，孕妈妈可以从音乐中感受到莲花的那份优雅，美丽的景色也会慢慢浮现在你眼前：静静的水面上，叶绿花红，鱼儿在荷叶下追逐戏耍，撞得荷叶上的露珠来回滚动……一切都是那么自然平淡，人们被深深吸引。

如果孕妈妈会弹古筝，就亲手演绎吧！可以使自己更投入，也会令心情舒畅，同时陶冶情操，进而影响腹中的胎宝宝。不过，孕妈妈弹奏时间不宜过长，尽量弹舒缓的曲子。

宝宝，爸爸有话对你讲：

宝宝，《出水莲》这首曲目是由古筝演奏。古筝有2500多年的悠久历史，被称为"中国民族乐器中的瑰宝"。世界上有很多国家对我们的古筝非常推崇，称古筝为神秘的乐器，称它弹奏出的乐曲为神奇的音乐。

《出水莲》小档案

- 艺术类别：传统的广东客家筝曲
- 欣赏提示：旋律清丽、典雅，速度中庸、悠闲，栩栩如生刻画出出水莲的神态气质。夏夜孕妈妈听来颇有清凉之意。
- 时长：5分钟
- 寓意：表达出对莲"出淤泥而不染，濯清涟而不妖"的美好形象的赞美。

寒鸦戏水

《寒鸦戏水》非常富有诗意，全曲以别致幽雅的旋律、清新的格调和独特的韵味，表现了清秋碧空，斜阳在山，寒鸦在水中悠闲自得、互相追逐嬉戏的情景，表达了一种自在悠然的生活情趣。

有的孕妈妈可能会产生疑惑，寒鸦是什么？像乌鸦一样的鸟？可鸟怎么能戏水呢？其实曲名中的寒鸦是一种能捕鱼的鸟，因此有“戏水”一说。

生活中充满了情趣，如秋叶在空中美丽地舞动、夏日青蛙演奏着交响乐等，这些细节都可以帮助孕妈妈品味生活，也可以为胎宝宝带去最自然的感受，让他对这个世界充满期待。

渔樵问答

《渔樵问答》反映的是一种隐逸之士对渔樵生活的向往，希望摆脱俗尘凡事的羁绊。音乐形象准确、生动，百年来广为流传。

《渔樵问答》采用渔夫和樵夫对话的方式，用上升的曲调表示问，下降的曲调表示答。乐曲开始的曲调悠然自得，表现出一种飘逸洒脱的格调，上下句的呼应充分展现了渔樵对答的情趣。主题音调的变化发展，并不断加入新的音调，刻画出隐士豪放不羁、潇洒自得的情怀。

这首曲子有一定的隐逸色彩，能引起人们对渔樵生活的向往，但此曲的深意，应是“古今多少事，都付笑谈中”及“千载得失是非，尽付渔樵一话而已”。兴亡得失这一千载厚重话题，被渔夫、樵夫的一席对话解构于无形，这才是乐曲的主旨所在。

寒鸦快乐地追逐戏水，
生命多么欢畅。

夕阳箫鼓

初听《夕阳箫鼓》，很多人可能会觉得有些耳熟，其实《春江花月夜》以及《浔阳琵琶》《浔阳夜月》等乐曲都是由《夕阳箫鼓》演变而来。

《夕阳箫鼓》旋律优美流畅，意境恬静幽雅，用熟练的琵琶技巧演绎了婉转的曲调，表现出了夕阳西下，江面船上传来箫鼓声声的景色。江面上水天一色、渔歌悠扬，一派秀美的江南风光，展现出对自然的赞赏和喜爱之情。

准爸爸为孕妈妈播放这首曲子，让妈妈坚持与腹中的胎宝宝分享这首悠扬的音乐。胎宝宝是一个有各种感觉的、鲜活的生命，他的感觉能通过不断的外界良性刺激得到更好的发展。

月儿高

《月儿高》是一幅素雅的音乐画，描写了月亮从海上升起直到西山沉没这一过程中的种种景色和意韵，乐曲淡雅、朦胧的风格将月色的皎洁、迷离演绎得淋漓尽致。

《月儿高》的乐曲也具有非常强的舞蹈旋律，因为其意境与前人描绘的《霓裳羽衣曲》非常相近，所以《月儿高》也常常被人当作是传说中唐玄宗创作的《霓裳羽衣曲》。而现今演出的舞蹈《霓裳羽衣曲》，就是直接根据《月儿高》的曲调编配的。准爸爸可以和孕妈妈随着曲子轻轻起舞，一起感受音乐的美好。

宝宝，爸爸有话对你讲：

宝宝，我们的大自然中有着丰富的自然财富，这些日日围绕在我们周围的声音、景物，需要我们用心去聆听、感受。

喜相逢

《喜相逢》原为内蒙古一首民间乐曲，后来流传到张家口北部一带，被地方戏曲山西梆子、二人台吸收为过场音乐，常用于戏中角色入洞房、拂拭灰尘等动作的伴奏，后改编成笛子独奏曲。改编后的乐曲，音乐形象生动，演绎了亲人惜别和重逢时的心情。乐曲第一段速度缓慢，体现了难舍难分的心情，随后经过三次变奏，速度逐次加快，形象地表现了久别重逢以及全家团聚的热烈场景。

孕妈妈是否想起了准爸爸出差后归家的情景？特别是在孕期，敏感的孕妈妈会对准爸爸的归来有更迫切的期待。当然，准爸爸最好不要将孕妈妈一个人留在家里，最好有其他家人陪伴她。

亲人间久别重逢，难以抑制心中的激动和欣喜，爸爸也盼望着早点见到宝宝呢。

《喜相逢》小档案

- 创作者：冯子存
- 创作时间：20 世纪 50 年代
- 艺术类别：竹笛独奏曲
- 欣赏提示：曲调的变奏曲式使情感得到更加充分的抒发。
- 寓意：表现亲人惜别和重逢时的心情。

姑苏行

《姑苏行》的旋律优美亲切，节奏轻松明快，风格典雅大方，乐曲如同一幅描绘江南美景的水墨丹青，令人寻味。

《姑苏行》表现了古城苏州的秀丽风光和人们游览时的愉悦心情，乐曲本身就像那美丽的景致一样，让人流连忘返。

欣赏美妙的音乐就如同欣赏美丽的景色一样，会对胎宝宝的发育产生良性刺激。孕妈妈只要将你欣赏到的美，以及获得的美的感受通过神经传导输送给胎宝宝，就是最好的胎教。

宝宝，爸爸有话对你讲：

宝宝，爸爸为你播放的这首乐曲是不是让你又一次感受到音乐的美妙？这首《姑苏行》表现了游览江南古城苏州时的愉悦心情，宝宝也如身临其境般游玩了一趟吧。

江南的风景好美啊，宝宝是否也着迷了呢！

《姑苏行》小档案

- 创作者：笛子演奏家江先渭
- 创作时间：1962 年
- 艺术类别：采用昆曲音调，用竹笛演奏
- 欣赏提示：曲式为慢，如同徜徉在美景中——快，表现游人心神荡漾的热情——慢，表现游人恋恋不忍归去。
- 时长：5 分 40 秒

百鸟朝凤

《百鸟朝凤》以热情欢快的旋律与百鸟和鸣之声，表现了生机勃勃的大自然景象。乐曲前奏之后，唢呐先吹出一段热情欢快的旋律，渲染出热闹的气氛，而后在固定曲调伴奏下，奏出百鸟鸣叫的段落。百鸟鸣叫时而悠扬，时而短促，时而明亮，淋漓尽致，惟妙惟肖，准爸爸播放这首曲子时，孕妈妈仿佛置身于大自然的美景中，欣赏到了一幅百鸟闹春图，繁荣的景象让人心生愉悦。

欢快的唢呐曲很适合孕妈妈在情绪不佳、烦闷的时候听，它能让孕妈妈忘却烦恼，对一切充满信心。

良宵

《良宵》原名《除夜小唱》，是著名作曲家、二胡演奏家刘天华创作。当时，刘天华老师的几位学生到他家过年，在除夕欢乐气氛的感染下，刘天华老师即兴拉弦作曲，一气呵成创作了这首乐曲作为纪念。

乐曲通过轻盈柔和、洒脱自如的旋律，表达了作者轻松愉快的心情。这样的愉快也会透过音乐这种特殊的语言传递给孕妈妈和胎宝宝，孕妈妈仔细感受一下，胎宝宝也许会挥动小手，用他特殊的方式向你表达他的快乐。

人在轻松的环境下，学习东西会非常快，胎宝宝也是一样。所以，孕妈妈要保持情绪的愉悦和放松，并坚持欣赏美妙的音乐和事物，并把你听到的、看到的一起与胎宝宝分享，这些都将有利于胎宝宝的健康发育。

拔萝卜

这首儿歌，乐谱中只有一段歌词，每来一个“人物”，歌词就重唱一遍，歌词依次是：

（老公公和老婆婆唱）拔萝卜，拔萝卜，哎哟哟，哎哟哟，哎哟哎哟拔不动，哎哟哎哟拔不动。小弟弟，快快来，快来帮我们拔萝卜。（小弟弟：“来喽！”）

（小弟弟和大家唱）拔萝卜，拔萝卜，哎哟哟，哎哟哟，哎哟哎哟拔不动，哎哟哎哟拔不动。小花猫，快快来，快来帮我们拔萝卜。（小花猫：“来喽！”）

（小花猫和大家唱）拔萝卜，拔萝卜，哎哟哟，哎哟哟，哎哟哎哟拔不动，哎哟哎哟拔不动。小花狗，快快来，快来帮我们拔萝卜。（小花狗：“来喽！”）

（小花狗和大家唱）拔萝卜，拔萝卜，哎哟哟，哎哟哟，萝卜拔起来啦！（大家：“哈哈！”）

宝宝，爸爸有话对你讲：

宝宝，爸爸为你哼唱欢快的儿歌，你感受到这高兴的氛围了吗？大家都在互相鼓劲儿，拔萝卜呢！快快从妈妈的肚子里出来，爸爸妈妈带你一起去拔萝卜！

王老先生有块地

《王老先生有块地》是一首非常活泼的儿歌，韵律欢快，歌词整齐：

王老先生有块地，咿呀咿呀哟。
他在田边养小鸡，咿呀咿呀哟。
这里叽叽叽，那里叽叽叽。
这里叽那里叽，到处都在叽叽。
王老先生有块地，咿呀咿呀哟。
王老先生有块地，咿呀咿呀哟。
他在田边养小鸭，咿呀咿呀哟。
这里嘎嘎嘎，那里嘎嘎嘎。
这里嘎那里嘎，到处都在嘎嘎。
王老先生有块地，咿呀咿呀哟。
王老先生有块地，咿呀咿呀哟。
他在田边养小羊，咿呀咿呀哟。
这里咩咩咩，那里咩咩咩。
这里咩那里咩，到处都在咩咩。
王老先生有块地，咿呀咿呀哟。

宝宝，爸爸有话对你讲：

小鸡叽叽叽，小鸭嘎嘎嘎，小羊咩咩咩。宝宝，小动物的叫声是不是很好玩？等你长大了，咱们一起养小鸡、小鸭、小羊啊……举办动物狂欢节好不好？

准爸爸可以俏皮地学学叽叽叽、嘎嘎嘎、咩咩咩。

上学歌

这首欢快的《上学歌》，相信很多爸爸妈妈都会唱，歌中美好的情景描绘，听着就让人兴高采烈。

太阳当空照，花儿对我笑，
小鸟说早早早，
你为什么背上小书包？
我要上学校，天天不迟到，
爱学习，爱劳动，
长大要为人民立功劳。

我有一个好爸爸

《我有一个好爸爸》传神、准确地表达了爸爸对宝宝的爱，是一首非常有趣、曲调欢快的儿歌。

我有一个好爸爸，
爸爸爸爸，爸爸爸爸，
好爸爸，好爸爸，我有一个好爸爸。
做起饭来响当当，响当当，
洗起衣服嚓嚓嚓，嚓嚓嚓，
高兴起来哈哈哈哈，哈哈，
打起屁股，噼，噼，噼噼噼噼！
嗯，真是稀里哗啦！
爸爸爸爸，爸爸爸爸，
好爸爸，好爸爸，我有一个好爸爸。
哪个爸爸不骂，哪个孩子不挨打，
打是亲来骂是爱，还是那个好爸爸。
爸爸爸爸，爸爸爸爸，
好爸爸，好爸爸，我有一个好爸爸。

宝宝，爸爸有话对你讲：

宝宝，因为你的到来让爸爸特别想成为一个好爸爸，为此，我得加倍努力，相信爸爸！

数鸭子

这首儿歌曲调活泼，节奏欢快，形象地描绘了一个宝宝天真地唱桥下游鸭的情景。

门前大桥下，游过一群鸭，
快来快来数一数，二四六七八。
嘎嘎嘎嘎，真呀真多呀，
数不清到底多少鸭，数不清到底多少鸭。
赶鸭老爷爷，胡子白花花，
唱呀唱着家乡戏，还会说笑话，
小孩，小孩，快快上学校，
别考个鸭蛋抱回家，别考个鸭蛋抱回家！

嘎嘎嘎，小鸭子
叫得真欢快。

小毛驴

宝宝，爸爸有话对你讲：

宝宝，你知道谁爱骑毛驴吗？就是阿凡提，一个蓄着山羊胡、头戴小花帽、手拿乐器的小老头，他爱管不平事，喜欢捉弄坏人，为穷人出气。你要是喜欢听，爸爸会经常给你讲阿凡提智斗坏人的故事。

两只老虎

《两只老虎》是一首可爱的儿歌，相信大部分的准爸爸都会唱。

两只老虎

两只老虎，两只老虎，
跑得快，跑得快，
一只没有耳朵，
一只没有尾巴，
真奇怪！真奇怪！
两只老虎，两只老虎，
跑得快，跑得快，
一只没有耳朵，
一只没有尾巴，
真奇怪！真奇怪！

宝宝，你是不是也觉得这两只老虎好奇怪？

小兔子乖乖

小兔子可爱、乖巧的形象，配合儿歌愉快的曲调，特别适合准爸爸唱给胎宝宝听。

小兔子乖乖

小兔子乖乖，把门儿开开，
快点儿开开，我要进来。
不开不开我不开，
妈妈不回来，谁来也不开。
小兔子乖乖，把门儿开开，
快点儿开开，我要进来，
就开就开我就开，
妈妈回来了，我就把门开。

大灰狼骗不了聪明的兔宝宝。

小蜗牛

《小蜗牛》这首儿歌，传神地表现了小蜗牛悠然自得、慢慢吞吞的可爱形象。

小蜗牛

我是一只快乐的小蜗牛，
我是快乐的小蜗牛，
背着房子去旅游，
伸出两只小触角，
一边看来一边走。
我是快乐的小蜗牛，
天南地北去旅游，
刮风下雨都不怕，
我的小屋乐悠悠。

宝宝，爸爸有话对你讲：

宝宝，爸爸为你唱儿歌时仿佛回到了小时候，希望你听这些儿歌的时候也能感到幸福和快乐。

种太阳

童心是世界上最美好的东西，单纯、善良，总能给人最纯净的感动。这颗爸爸妈妈都曾有过的童心，胎宝宝也将会拥有。

种太阳

我有一个美丽的愿望，
长大以后能播种太阳。
播种一个，一个就够了，
会结出许多的许多的太阳。
一个送给，送给南极，
一个送给，送给北冰洋，
一个挂在，挂在冬天，
一个挂在晚上，挂在晚上。

啦啦啦，种太阳，
啦啦啦，种太阳，
啦啦啦啦啦啦啦啦，种太阳。
到那个时候，世界每一个角落，
都会变得，都会变得温暖又明亮。

宝宝，你就是爸爸妈妈心中的太阳。

洋娃娃和小熊跳舞

《洋娃娃和小熊跳舞》是一首波兰儿歌，快乐的旋律，充满童趣的歌词，给人一种欢快愉悦的感觉，深受大家的喜爱。准爸爸可以先读一读歌词，然后伴着旋律唱出来，你的胎宝宝可是很喜欢这种富有节奏感的快乐旋律呢。

宝宝，爸爸有话对你讲：

宝宝，如果你喜欢听儿歌，爸爸会经常为你哼唱。要知道，爱听儿歌的宝宝性格开朗、活泼，语言也会发展得特别好哟。

宝宝一起和洋娃娃、小熊跳个圆圈舞吧。

雪绒花

《雪绒花》是美国影片《音乐之声》中的插曲，雪绒花也是奥地利国花火绒草的通俗名称。

雪绒花

雪绒花，雪绒花，
每天清晨迎接我，
你洁白，又鲜艳，
看见你我多快乐，
我愿你永远开放，
可爱的雪绒花，
请为我故乡，永远吐露芬芳。

雪绒花，雪绒花，
每天清晨迎接我，
你洁白，又鲜艳，
看见你我多快乐，
我愿你永远开放，
可爱的雪绒花，
请为我故乡，永远吐露芬芳。

一分钱

看到这首歌，一定勾起了准爸爸的童年回忆。现在，就把这首好听又富有教育意义的儿歌唱给宝宝听吧。

我在马路边，捡到一分钱，
把他交给警察叔叔手里边，
叔叔拿着钱，对我把头点，
我高兴地说了声：
“叔叔再见！”

准爸爸，做个不花钱的国学胎教机

- 国学知识蕴含中华传统文化的精髓，是有益于胎宝宝发育的胎教内容。
- 《三字经》《千字文》《百家姓》……这些爸爸妈妈小时候就了解的国学知识，最适合念给宝宝听。
- 朗朗上口的内容、整齐押韵的字句，能帮助培养宝宝良好的语言能力。

宝宝也要做个孝顺、谦让、懂礼貌的好孩子。

弟子规

宝宝，你知道吗，爸爸妈妈小时候也是读着《弟子规》长大的。它里面的小故事教会了爸爸妈妈很多道理。等你将来长大，爸爸会把其中的故事一个一个讲给你听，希望我的宝贝成为一个孝顺、谦让、懂礼貌的好孩子。

弟子规（节选）

弟子规，圣人训。首孝悌，次谨信。

泛爱众，而亲仁。有余力，则学文。

父母呼，应勿缓。父母命，行勿懒。

父母教，须敬听。父母责，须顺承。

冬则温，夏则凊（qìng）。晨则省，昏则定。

出必告，反必面。居有常，业无变。

事虽小，勿擅为。苟擅为，子道亏。

物虽小，勿私藏。苟私藏，亲心伤。

亲所好，力为具。亲所恶，谨为去。

身有伤，贻（yí）亲忧。德有伤，贻亲羞。

亲爱我，孝何难。亲憎我，孝方贤。

亲有过，谏（jiàn）使更。怡吾色，柔吾声。

宝宝，爸爸有话对你讲：

宝宝，《弟子规》是传统教育的经典著作，也是古时候小朋友的启蒙读物。此外，还有好多经典书籍呢，《三字经》《诗经》等都是凝结着咱们老祖宗伟大智慧的宝藏，待我慢慢读给你听啊！

古诗中的夏天

今天，准爸爸带着孕妈妈和胎宝宝来欣赏一下古人对夏天的描述，除了感受诗歌美丽的意境外，准爸爸还要为母子轻声朗读。精炼的句子和诗人丰富的情感，可以让胎宝宝充分获得美的享受。

小池

[宋] 杨万里

泉眼无声惜细流，树荫照水爱晴柔。
小荷才露尖尖角，早有蜻蜓立上头。

晓出净慈寺送林子方

[宋] 杨万里

毕竟西湖六月中，风光不与四时同。
接天莲叶无穷碧，映日荷花别样红。

初夏绝句

[宋] 陆游

纷纷红紫已成尘，布谷声中夏令新。
夹路桑麻行不尽，始知身是太平人。

约客

[宋] 赵师秀

黄梅时节家家雨，青草池塘处处蛙。
有约不来过夜半，闲敲棋子落灯花。

六月二十七日望湖楼醉书（节选）

[宋] 苏轼

黑云翻墨未遮山，白雨跳珠乱入船。
卷地风来忽吹散，望湖楼下水如天。

池上

[唐] 白居易

小娃撑小艇，偷采白莲回。
不解藏踪迹，浮萍一道开。

三字经

《三字经》一直是我国古代小朋友的启蒙读物。宝宝，虽然你现在还不能懂得其中的大智慧，但爸爸还是想给你读一读，你有没有像其他读《三字经》的小朋友那样，已经开始摇头晃脑了呢？

三字经（节选）

人之初，性本善。性相近，习相远。

苟不教，性乃迁。教之道，贵以专。

昔孟母，择邻处。子不学，断机杼（zhù）。

窦（dòu）燕山，有义方。教五子，名俱扬。

养不教，父之过。教不严，师之惰。

子不学，非所宜。幼不学，老何为。

玉不琢（zhuó），不成器。人不学，不知义。

为人子，方少时。亲师友，习礼仪。

香九龄，能温席。孝于亲，所当执。

融四岁，能让梨，悌（tì）于长，宜先知。

首孝悌，次见闻。知某数，识某文。

一而十，十而百。百而千，千而万。

三才者，天地人。三光者，日月星。

三纲者，君臣义。父子亲，夫妇顺。

宝宝，爸爸有话对你讲：

宝宝，《三字经》语言凝练，韵律优美，是被时间锤炼过的国学经典之作，已流传千年，极具中国魅力！等你长大一点儿，老爸和你一起学习它！

诗经·蒹葭

只要有爱，无论我们身处何方，总会对那份美好的情感心生柔软，无限期盼。就像现在，虽然宝宝你还在孕妈妈肚子里，爸爸妈妈还摸不着，抱不到。但是只要属于我们的情感纽带存在着，即使“在水一方”，只要耐心等待，终有见面的那一天。

蒹葭 (jiān jiā)

蒹葭苍苍，白露为霜。所谓伊人，在水一方。
溯洄 (sù huí) 从之，道阻且长。溯游从之，宛在水中央。
蒹葭萋萋，白露未晞 (xī)。所谓伊人，在水之湄 (méi)。
溯洄从之，道阻且跻 (jī)。溯游从之，宛在水中坻 (chí)。
蒹葭采采，白露未已。所谓伊人，在水之涘 (sì)。
溯洄从之，道阻且右。溯游从之，宛在水中沚 (zhǐ)。

【释义】

大片的芦苇青苍苍，清晨的露水变成霜。我所怀念的人儿啊，就站在对岸河边上。逆流而上去追寻她，追随她的道路险阻又漫长。顺流而下寻寻觅觅，她仿佛在河水中央。

芦苇凄清一大片，清晨露水尚未晒干。我那魂牵梦绕的人啊，她就在河水对岸。逆流而上去追寻她，那道路坎坷又艰难。顺流而下寻寻觅觅，她仿佛在水中小洲。

河畔芦苇繁茂连绵，清晨露滴尚未被蒸发完毕。我那苦苦追求的人啊，她就在河岸一边。逆流而上去追寻她，那道路弯曲又艰险。顺流而下寻寻觅觅，她仿佛在水中的沙滩。

千字文

《千字文》是由一千个汉字组成的韵文。全文为四字句，对仗工整，条理清晰，文采斐然。《千字文》语句平白如话，易诵易记，并译有英文版、法文版、拉丁文版、意大利文版，是中国影响很大的儿童启蒙读物。

千字文（节选）

天地玄黄，宇宙洪荒。
日月盈昃（zè），辰宿列张。
寒来暑往，秋收冬藏。
闰余成岁，律吕调阳。
云腾致雨，露结为霜。
金生丽水，玉出昆冈。
剑号巨阙（què），珠称夜光。
果珍李柰（nài），菜重芥姜。
海咸河淡，鳞潜羽翔。
龙师火帝，鸟官人皇。
始制文字，乃服衣裳。
推位让国，有虞（yú）陶唐。
吊民伐罪，周发殷汤。
坐朝问道，垂拱平章。
爱育黎首，臣伏戎羌（qiāng）。
遐迩（xiá'ěr）一体，率宾归王。

鸣凤在竹，白驹食场。

化被草木，赖及万方。

盖此身发，四大五常。

恭惟鞠(jū)养，岂敢毁伤。

女慕贞洁，男效才良。

知过必改，得能莫忘。

罔(wǎng)谈彼短，靡恃(mí shì)己长。

信使可覆，器欲难量。

墨悲丝染，诗赞羔羊。

景行维贤，克念作圣。

德建名立，形端表正。

空谷传声，虚堂习听。

宝宝，爸爸有话对你讲：

宝宝，《千字文》字句平白易懂、文采华丽斐然，是古时候小朋友的启蒙必读读物之一。如今也有很多小朋友从很小的时候就开始学习它，现在你就跟着爸爸一起来学学吧，来感受朗朗上口的韵律，以及博大精深的中华文化！

《千字文》涉及古代历史、经济、地理、天文等内容。

桃花源记

宝宝，你知道“世外桃源”这个词的来历吗？它源于陶渊明非常著名的一篇作品——《桃花源记》。现在，就跟着爸爸一起来感受下这美丽的桃花源吧！

桃花源记（节选）

晋太元中，武陵人捕鱼为业。缘溪行，忘路之远近。忽逢桃花林，夹岸数百步，中无杂树，芳草鲜美，落英缤纷。渔人甚异之，复前行，欲穷其林。林尽水源，便得一山，山有小口，仿佛若有光。便舍船，从口入。初极狭，才通人。复行数十步，豁然开朗。土地平旷，屋舍俨然，有良田、美池、桑竹之属。阡陌交通，鸡犬相闻。其中往来种作，男女衣着，悉如外人。黄发垂髫（tiáo），并怡然自乐。

宝宝，你是否也对桃花源里的世界着迷了？

【释义】

东晋太元年间，武陵有个人以打鱼为生。（一天）他沿着溪水划船，忘记了路程的远近。忽然遇到一片桃林，在小溪两岸几百步之内，中间没有别的树，花草鲜嫩美丽，地上的落花繁多交杂。渔人对此感到十分奇怪，便继续往前走，想要走到林子的尽头。

桃林的尽头就是溪水的源头，渔人发现了一座小山，山上有个小洞口，洞里隐隐约约的好像有点光亮。（渔人）便舍弃了船，从洞口进去。最初，山洞很狭窄，只容一个人通过；又走了几十步，突然变得开阔明亮了。（呈现在渔人眼前的是）一片平坦宽广的土地，一排排整齐的房舍，还有肥沃的田地、美丽的池塘，有桑树、竹林这类的植物。田间小路交错相通，鸡鸣狗吠的声音此起彼伏。在田野里来来往往耕种劳作的人们，男女的穿着打扮和外面的人都一样。老人和小孩，都怡然并自得其乐。

古诗中最温柔的母爱

母亲，给了我们旺盛的生命，抚育我们茁壮成长。今天，准爸爸带着胎宝宝来看看古人对母亲的思念和赞美，短短的诗句里吐露着真挚的感情，字里行间流露出浓浓的母子之情。

游子吟

[唐] 孟郊

慈母手中线，游子身上衣。
临行密密缝，意恐迟迟归。
谁言寸草心，报得三春晖。

墨萱图•其一

[元] 王冕

灿灿萱草花，罗生北堂下。
南风吹其心，摇摇为谁吐？
慈母倚门情，游子行路苦。
甘旨日以疏，音问日以阻。
举头望云林，愧听慧鸟语。

晒旧衣

[清] 周寿昌

卅（sà）载绨袍（tí páo）检尚存，领襟（jīn）虽破却余温。
重缝不忍轻移折，上有慈母旧线痕。

岁暮到家

[清] 蒋士铨

爱子心无尽，归家喜及辰。
寒衣针线密，家信墨痕新。
见面怜清瘦，呼儿问苦辛。
低徊愧人子，不敢叹风尘。

宝宝，爸爸有话对你讲：

宝宝，母爱是世界上最伟大的爱，妈妈怀胎十月非常辛苦，你长大后要好好孝敬她哦。

将进酒

宝宝，唐代是我国诗歌的鼎盛时期，其中有许多著名的诗人留下了广为流传的伟大作品，李白就是最负盛名的其中一位，现在就跟着爸爸来一起欣赏下他的这首《将进酒》吧。

将进酒

[唐]李白

君不见黄河之水天上来，奔流到海不复回。
君不见高堂明镜悲白发，朝如青丝暮成雪。
人生得意须尽欢，莫使金樽（zūn）空对月。
天生我材必有用，千金散尽还复来。
烹羊宰牛且为乐，会须一饮三百杯。
岑夫子，丹丘生，将进酒，杯莫停。
与君歌一曲，请君为我倾耳听。
钟鼓馔（zhuàn）玉不足贵，但愿长醉不复醒。
古来圣贤皆寂寞，惟有饮者留其名。
陈王昔时宴平乐，斗酒十千恣欢谑（xuè）。
主人何为言少钱，径须沽取对君酌。
五花马，千金裘（qiú），
呼儿将出换美酒，与尔同销万古愁。

宝宝，爸爸有话对你讲：

这首诗的作者李白可是一位才华横溢、浪漫奔放的大诗人，后人尊称他为“诗仙”，他的诗句天马行空，宛若天成！宝宝，你有一种身临仙境的感觉吗？

百家姓

《百家姓》是北宋时期钱塘的无名氏编纂的，现记录了单姓 444 个，复姓 60 个，共 504 个姓氏。在夏商周之前，姓与氏是分开的，女子称姓，男子称氏。据推测，姓源于母系社会，可能是氏族社会的图腾演变而来，是宗族的象征。氏是用来区分贵贱的，身份尊贵者有氏，身份卑贱者有名无氏。因此古代有不成文的婚姻准则，即氏一样姓不一样的人可以通婚，但是姓一样氏不一样的人不能通婚。

据说中国上古时代有八大姓氏，分别是姬、姚、妫（guī）、姒（sì）、姜、嬴、姞（jí）、妘（yún）。黄帝居姬水岸边，以姬为姓。黄帝有 25 个儿子，其中得到赐姓殊荣的有 14 人，14 个儿子中除了青阳和夷鼓同姓“己”外，其他人的姓都不同。后来，《百家姓》中原 411 个姓都是由姬姓演变出的。

百家姓（节选）

赵钱孙李，周吴郑王。冯陈褚卫，蒋沈韩杨。

朱秦尤许，何吕施张。孔曹严华，金魏陶姜。

戚谢邹喻，柏水窦章。云苏潘葛，奚范彭郎。

鲁韦昌马，苗凤花方。俞任袁柳，酆（fēng）鲍史唐。

费廉岑（cén）薛，雷贺倪汤。滕殷罗毕，郝邬（wū）安常。

乐于时傅，皮卞（biàn）齐康。伍余元卜（bǔ），顾孟平黄。

宝贝，跟爸爸一起从零开始学英语喽

- 胎宝宝在妈妈腹中就具有良好的学习能力，准爸爸读的英文他完全可以感受到。
- 准爸爸别担心自己的英文不好，只要唱唱字母歌、与孕妈妈一起欣赏下英文电影，就是非常好的英语胎教。
- 英语胎教能促进胎宝宝的大脑发育，为他打好双语基础。

带宝宝认英文字母

A（a）像一座宝塔

B（b）只是“半个”葫芦

C（c）像弯弯的月亮

D（d）挺个大肚子

E（e）像个小梳子

F（f）长得像牙刷

G（g）像大肚蝈蝈

宝宝，爸爸有话对你讲：

宝宝你看，A像不像一个尖尖的屋顶？B像不像1和3的组合？E像不像一个侧立起来的凳子？宝宝，小小字母作用大，以后学习英文全靠它们呢！

H（h）像两个人手拉手

I （i）是一个人

J （j）像个弯弯的小尾巴

K（k）像把小剪刀

L（l）像个长筒靴

M（m）两个高山肩并肩

N（n）小写的 n 像拱门

宝宝，爸爸有话对你讲：

宝宝，我们的英文字母学习已经进入第二阶段啦！从今天起，宝宝又可以多认识一些字母了，跟爸爸一起发挥想象力，把这些生动可爱的小字母“记下来”吧！

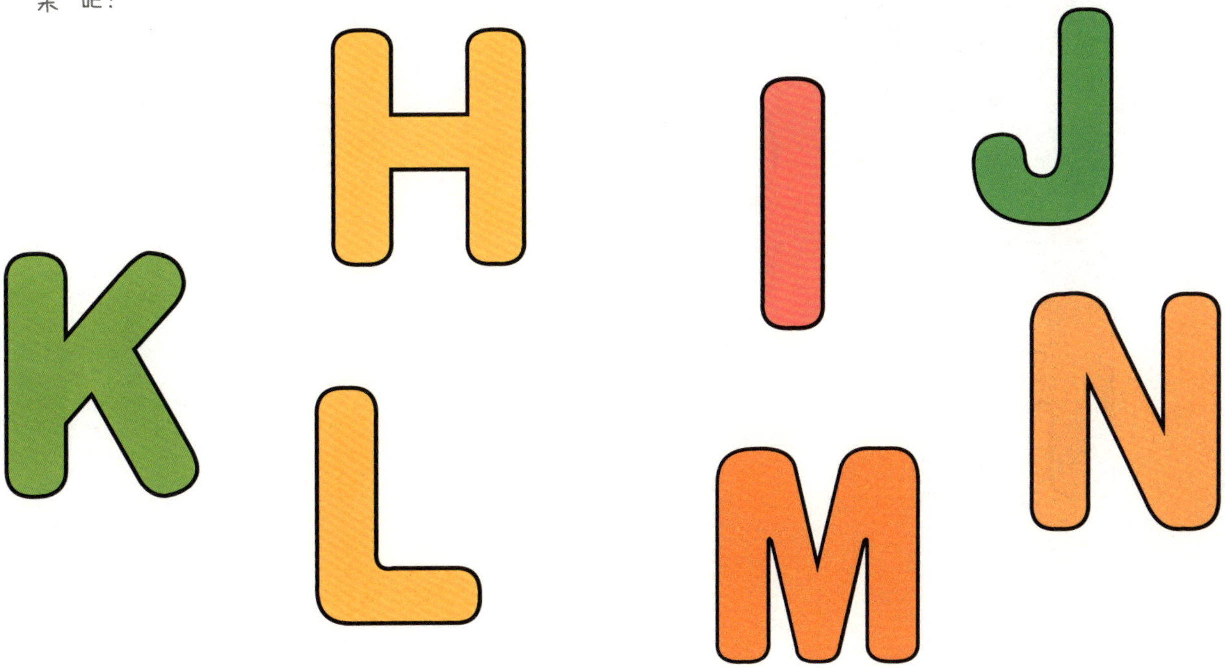

O（o）圆圆的大头和小头

P（p）大 P 小 p 一个样

Q（q）大 Q 蜿蜒像条蛇

R（r）小 r 像根小禾苗

S（s）丝丝蜿蜒盘山路

T（t）大 T 像个晾衣架

宝宝，爸爸有话对你讲：

今天我们学习的这组字母，发音有些难度，尤其像 Q、R 这种。爸爸在读的时候，宝宝可要仔细“听”哦！不过也不需担心，这些发音比较难的字母爸爸会经常读给你听的。

U V

W X

Y Z

U（u）是你不是我

V（v）胜利摆个 V

W（w）M 翻个身

X（x）随手画个叉

Y（y）大 Y 像弹弓

Z（z）好像数字 2

宝宝，爸爸有话对你讲：

宝宝，你知道字母“V”怎么用手势来表达吗？伸出食指、中指摆个“胜利”的造型就是 V，两手食指交叉就是 X。英语很有趣吧？以后爸爸会经常跟你一起学英语的。

儿歌 ABC Song

学习完了字母，那就来唱首字母歌吧，把这 26 个字母连起来，看胎宝宝记住了哪些字母。

字母歌当然要唱起来，准爸爸和孕妈妈一起唱，一边唱一边用手摆出字母的形状，既学习到了知识又能愉悦心情。

给宝宝起个英文名字

准爸爸和孕妈妈给胎宝宝取英文名字不必复杂，简单、易读、会认就可以，如果家里给胎宝宝取好了中文名字，根据音译便可取英文名字。准爸爸和孕妈妈也可以选择自己喜欢的明星、运动员、历史人物的名字为宝宝取名，不必拘于名字的意义，读起来顺口就可以了。

常见的男孩名：

Andrew 安德鲁意为男性的，勇敢的，骁勇的。

Carl 卡尔意为伟大的人；男子汉。

Hugo 雨果意为理性，智力，灵魂。

Nick 尼克意为胜利者。

常见的男女通用名字：

Alex 亚历克斯意为人类的保护者。

Jesse 杰西意为上帝的恩赐。

Harper 哈珀意为弹竖琴的人。

Tyler 泰勒意为值得信任的人。

常见的女孩名：

Alice 爱丽丝意为尊贵的，和善的。

Celia 西莉雅意为超凡的，神圣的。

Emma 艾玛意为无所不能的。

Grace 葛瑞丝意为优雅的。

Margaret 玛格丽特意为珍珠。

宝宝，爸爸有话对你讲：

宝宝，曾经有一位准爸爸给胎宝宝起了个英文名字“Joan”，并时常叫他的名字，等到宝宝出生后再听到“Joan”时，竟有明显的反应！现在，爸爸也给你取好了英文名字，爸爸期待你慢慢地给出回应哦。

亲子对话 What Color is it

胎宝宝虽然还在妈妈的肚子里，看不到外面的世界，但他能通过聪明的大脑感知爸爸妈妈教给他的内容。全方位地刺激胎宝宝的大脑发育，采用各种不同的方式交替进行胎教，会让宝宝更聪明。

准爸爸和孕妈妈来个一问一答吧。

What color is it ?	这是什么颜色?
Is it red?	是红色吗?
No.	不是。
Is it yellow?	是黄色吗?
No.	不是。
Is it green?	是绿色吗?
No.	不是。
Is it blue?	是蓝色吗?
No.	不是。
Is it purple?	是紫色吗?
No.	不是。
Is it pink?	是粉色吗?
No.	不是。
What color is it?	这是什么颜色?
It's gray!	是灰色!

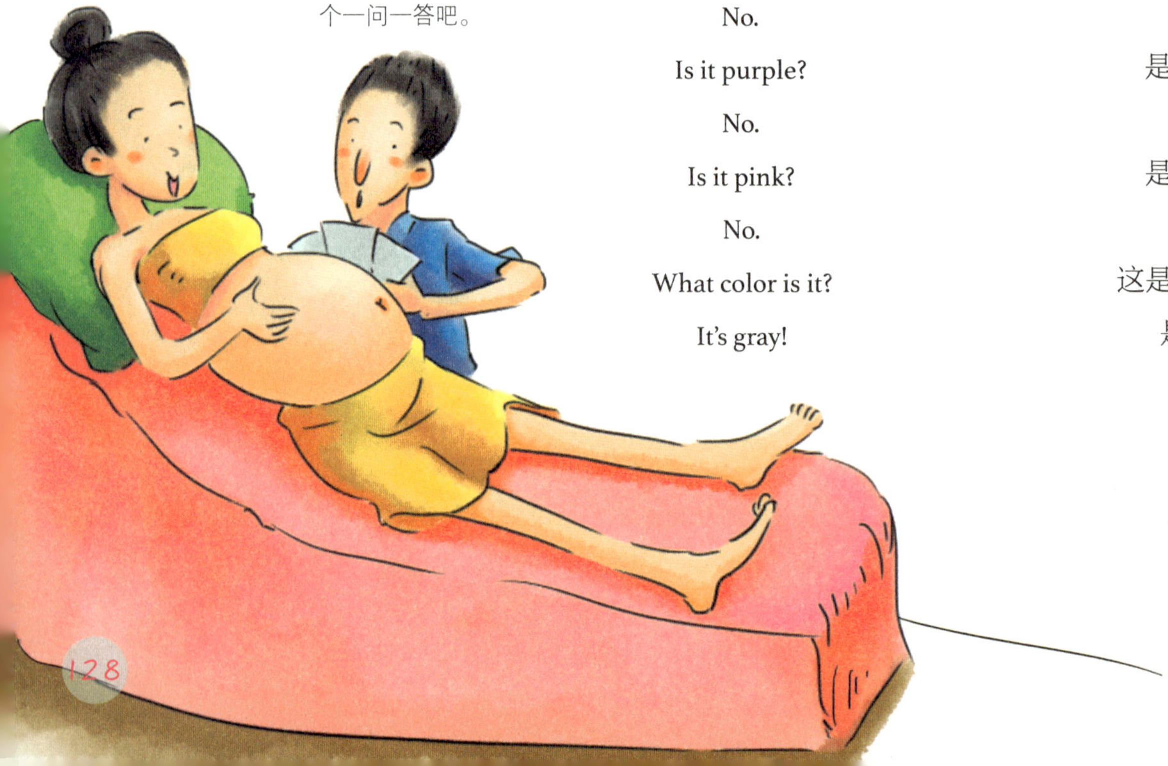

电影欣赏 Up

Up 小档案

- 中文译名：飞屋环游记
- 上映时间：2009 年
- 导演：彼得·道科特、鲍勃·彼德森
- 获奖：第 82 届奥斯卡最佳动画长片、最佳配乐大奖
- 简介：老人卡尔和 8 岁的小游侠结伴踏上了一段神奇的冒险旅程。
- 寓意：追求梦想，什么时候都不晚。

经典对白

1. Eille: Starting today, we must far live together, never separated.

艾丽：从今天起，我们要永远生活在一起，永远不分离。

2. Carl: From now on, you are all to me, let us work together to create a warm, loving home.

卡尔：从此以后，你就是我的全部，让我们一起来创造一个温馨的，充满爱的家。

3. Thanks for the adventure.Now go have a new one!

谢谢你与我一同冒险，现在，去开始一场新的吧！

watermelon

grape

带宝宝认水果 Fruits

apple

冰箱里，水果多，小宝宝，听我说。

红苹果，apple，apple，apple。

桃子，peach，peach，peach。

酸甜橘，orange，orange，orange。

香梨子，pear，pear，pear。

紫葡萄，grape，grape，grape。

大西瓜，watermelon，watermelon。

黄香蕉，banana，banana，banana。

Have some fruits. Fruit，fruit 是水果。

banana

口味多多、色彩纷呈的水果是宝宝的最爱。

peach

orange

小小草莓，红扑扑，strawberry，strawberry。
Muskmelon 是甜瓜，甜甜蜜蜜真好吃。
鲜亮的黄色是柠檬，lemon，lemon，酸倒牙。
菠萝名叫 pineapple，外表难看心里甜。
红红的樱桃，酸又甜，cherry，cherry。
Kiwi fruit，猕猴桃，维生素 C 含量高。
Plum，plum 是李子，一次不能吃太多！

宝宝，爸爸有话对你讲：

宝宝，等以后你来到这个世界上就会发现，周围的水果是多种多样、色彩缤纷的，苹果（apple）是红色的（red），香蕉（banana）是黄色的（yellow），橘子（orange）是橘色的（orange）……五颜六色的水果都等着你去辨认、品尝。

这么多的水果，宝宝你最喜欢哪个？

亲子对话 What's that Animal

My dear baby,
we are going to the zoo today.
Look, that is elephant (大象).
They are gray.
Look, that's giraffe (长颈鹿).
They are very tall, and have a long neck.
Look, that's panda.
They are black and white.
Look, that's zebra (斑马).
They are black and white too.
What's that animal?
My dear baby, do you know?
That's gorilla (大猩猩).
Gorillas usually look strong.

憨态可掬的小动物可以给宝宝带来快乐。

亲爱的宝宝，我们今天要去动物园。
看啊，那是大象。
它们是灰色的。
看啊，那是长颈鹿。
它们很高，有着很长的脖子。
看啊，那是大熊猫。
它们是黑白相间的颜色。
看啊，那是斑马。
它们的颜色也是黑白相间。
那是什么动物？
亲爱的宝宝，你知道吗？
那是大猩猩。
大猩猩看起来强壮。

儿歌 Good Morning

早上起来，准爸爸神清气爽地向孕妈妈和肚子里的小家伙问声早上好，让一整天从快乐的氛围开始！准爸爸不仅可以向胎宝宝说 Good morning，还可以说 Good afternoon 下午好、Good evening 晚上好、Good night 晚安！

带宝宝学数字

英文中数字的表达很有讲究，如 four，fourteen，forty，词根都是 four，但略有差异，准爸爸要看清楚差异再教给胎宝宝。

1 one

2 two

3 three

4 four

5 five

双语胎教，宝宝会觉得好有趣。

6 six

7 seven

8 eight

9 nine

10 ten

各种各样的形状

宝宝对于图形的认识很具天赋，10~12 个月的宝宝已具备了一定的图形分辨能力，对于圆形、方形、三角形等，孩子早就看出了它们的不同，但不认识它们。准爸爸孕妈妈来带胎宝宝认识一下这些图形，帮助他的大脑发育，使他出生后能更好地辨认图形。

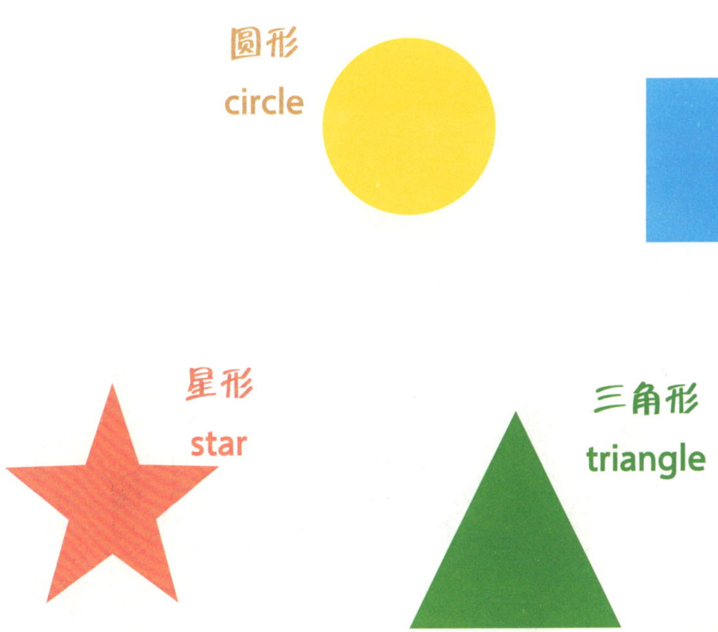

不同形状的模块可以拼成小房子，等你出生了爸爸和你一块玩。

宝宝，爸爸有话对你讲：

宝宝，我们这个世界是很奇妙的，物体不仅有颜色还有形状。将来爸爸会带你慢慢认识这个大千世界，相信你一定会感兴趣的。

带宝宝认颜色

宝宝，今天爸爸妈妈一起拿起画笔，一边念着文字一边在纸上画出蓝天 sky、草地 grass、花朵 flower 和太阳 sun 等，并一起为图画填上了颜色。

彩色的图画能够令人心情愉悦，爸爸妈妈感到了心情的放松，在妈妈肚子里的你，是不是也感觉到了快乐呢？

小娃娃，真顽皮，手里拿着大画笔，
画个天空是蓝色，blue blue 是蓝色，
画个太阳红彤彤，red red 是红色，
画片草地绿茵茵，green green 是绿色，
画朵桃花是粉色，pink pink 是粉色，
最后拿起黑色笔，black black 是黑色。

宝宝最喜欢五彩斑斓的世界了，准爸爸快来做做色彩胎教吧。

Look, baby!

宝宝，你看！

爸爸的衬衫是白色的，white。

妈妈的裙子是黄色的，yellow。

那辆小汽车是灰色的，gray。

路边的小花是紫色的，purple。

你的小袜子是橙色的，orange。

准爸妈和宝宝一起来认认身边的颜色。

宝宝，爸爸有话对你讲：

宝宝，五彩缤纷的世界是由许多颜色组成的，爸爸妈妈经常到大自然中去观察、欣赏，帮助肚子中的你认识更多的色彩。将来，我们一家三口可以一起去郊外游玩，到时候你会见识到更多的颜色！

亲子对话

It's Raining Cats and Dogs

Girl: Dad, how's the weather now, is it still raining?

Dad: Yes, it's raining cats and dogs outside.

Girl: What? Cats and dogs are falling from the sky?

Dad: No, 'raining cats and dogs' just means it's raining very hard.

女孩：爸爸，现在天气怎么样，还在下雨吗？

爸爸：是的，外面下着倾盆大雨。

女孩：什么？天上在下猫和狗？

爸爸：不是，只是说雨下得很大。

"rain cats and dogs"是一个俚语，意思是"倾盆大雨"，而不是从天上"下猫下狗"。如果遇到下大雨的天气，准爸爸孕妈妈可以跟胎宝宝这样形容天气"It's raining cats and dogs outside!"另外表示雨下得很大，也可以说"It is raining heavily.""heavily"表示雨水"沉重、很大"的意思。

英语中下雨还要牵扯到狗和猫，真是太有趣了。

电影欣赏《美食总动员》

雷米是一只热爱美食的老鼠，他渴望成为厨师，为此经常冒险穿梭于一家顶级法国餐厅。

然而，老鼠的身份让这个梦想举步维艰。直到他遇见在餐厅工作的年轻学徒林圭宁——这个渴望用厨艺证明自己却缺乏天赋的男孩。

林圭宁意外发现雷米惊人的烹饪才能，一人一鼠结成默契搭档：雷米藏身厨师帽中操控林圭宁的动作，林圭宁则成为雷米在人类世界的“代言人”。

他们联手揭露了主厨史老板的剽窃阴谋，林圭宁依法继承了餐厅。

在此过程中，林圭宁与餐厅唯一的女厨师科莱特——一位坚韧专业的导师——从冲突到理解，最终因彼此对料理的真诚而相知相恋。

故事结尾，由雷米主导、林圭宁与科莱特共同经营的餐厅，成为巴黎最受欢迎的餐厅。

一只老鼠能够成为厨师吗？ Can a rat become a chef？尽管这是个艰难的梦 tough dream，但是有个好伙伴 partner，就能够实现梦想！

电影经典对白：

Remy: I've always believed with hard work and a little bit of luck, it's only a matter of time before I'm discovered!

雷米：我总相信勤奋与努力外加一点点幸运就能换来成功，我的天分被发现，只是时间问题。

宝宝，爸爸有话对你讲：

宝宝，一只可爱的小老鼠都有那么坚定的决心去实现梦想，我们更应该有勇气去追求自己的目标。爸爸会多给你讲一些有趣而又励志的小故事，让你能做个勇敢的好孩子。

诗歌和散文
——对最爱的宝贝说最美的语言

- 若准爸爸有满腹的柔情蜜意不懂表达，朗诵诗歌散文就是最好的办法。
- 被优美的诗歌滋养出来的宝宝，性情更活泼，天资更聪慧。
- 浪漫深情的词句，不仅宝宝爱听，还能让孕妈妈找回恋爱的感觉。

你是人间的四月天

四月是充满希望的季节：风轻轻的，吹绿了嫩芽；云柔柔的，在阳光下跳着轻盈的舞；雨淅淅沥沥的，吻开了花朵……一切都是那么有爱，那么生机勃勃！宝贝，爸爸想对你说，你是爸爸妈妈的爱，是暖，是希望，正如这人间四月天！

准爸爸饱含深情地朗诵这首诗，让胎宝宝沉浸在幸福中。

你是人间的四月天

我说你是人间的四月天，
笑响点亮了四面风，
轻灵在春的光艳中交舞着变。
你是四月早天里的云烟，
黄昏吹着风的软，
星子在无意中闪，
细雨点洒在花前。
那轻，那娉婷 (pīng tíng)，你是，
鲜妍百花的冠冕你戴着，
你是天真，庄严，
你是夜夜的月圆。
雪化后那片鹅黄，你像；
新鲜初放芽的绿，你是；
柔嫩喜悦，
水光浮动着你梦期待中白莲。
你是一树一树的花开，
是燕在梁间呢喃，
——你是爱，是暖，是希望，
你是人间的四月天！

——林徽因

我沿着初雪漫步

大自然之手创造了五彩斑斓、多姿多彩的奇妙景象，引得无数诗人竞相赞叹。俄罗斯田园派诗人叶赛宁用瑰丽的文字表达了他对雪和大自然的热爱和赞叹。

我沿着初雪漫步

我沿着初雪散步，
心中的力量勃发像怒放的铃兰，
在我的道路上空，
夜晚把蓝色小蜡烛般的星星点燃。
我不知道那是光明还是黑暗？
密林中是风在唱还是公鸡在啼？
也许田野上并不是冬天，
而是许多天鹅落到了草地。

啊，白色的镜面的大地，你多美！
微微的寒意使我血液沸腾！
多么想让我那炽热的身体，
去紧贴白桦袒露的胸襟。
啊，森林的郁郁葱葱的浑浊！
啊，白雪覆盖的原野的惬意！
多想在柳树的枝杈上，
也嫁接上我的两只手臂。

——叶赛宁（俄罗斯）

宝宝，爸爸有话对你讲：

宝宝，你知道吗，诗歌被许多人誉为世界上最精练的语言，它以优美、高度概括的形式向人类展示了语言最大的魅力。爸爸给你朗诵的时候，你要用心“听”哦。

对星星的诺言

静谧的夜晚，天上的星星眨着亮闪闪的眼睛，而地上的小宝宝也睁大了眼睛。宝宝，你是在和星星对话吗？“看我可纯真？”“看我可善良？”哦！我亲爱的宝贝，爸爸愿你永远纯真，永远善良。

对星星的诺言

星星睁着眼睛，
挂在黑丝绒上亮晶晶，
你们从上往下望，
看我可纯真？
星星睁着眼睛，
嵌在宁谧的天空闪闪亮，
你们在高处，
说我可善良？
星星睁着眼睛，
睫毛眨不止，
你们为什么有这么多颜色，
有蓝，有红，还有紫？

好奇的小眼睛，
彻夜睁着不睡眠，
玫瑰色的黎明
为什么要抹掉你们？
星星的小眼睛，
洒下泪滴或泪珠。
你们在上面抖个不停，
是不是因为寒冷？
星星的小眼睛，
我向你保证：
你们瞅着我，
我永远，永远纯真。

——加夫列拉·米斯特拉尔（智利）

宝宝，等你长大了，爸爸带你一起看星星。

爱是一棵月亮树

宝宝，爸爸妈妈给你的爱就像天上的月亮，皎洁、纯净，时时刻刻温柔地照耀着你。

爱是一棵月亮树

自从看到你，亲爱的，我就深深地爱上你，说不出为什么。有一种声音，它好似从很高的地方滑落。我仰头，月亮出奇地白，一棵树在悄悄地刻画阴影。

我的心灵，已经被那绿色的叶子塞满，看到你，我想把它们编成美丽的叶环。如果有一天，你走出月亮树，这叶环会围绕你，我红红的唇是绿叶中羞涩开放的红梅花。

亲爱的，月亮树结果了吗？据说月光下的果子是酸涩的，梦中的月亮树永远结不出果子。

我柔嫩的小手向你张开，如莲花蓓蕾刚刚绽放。在走到你身旁之前，我是一棵无忧树。可现在月亮树在我心中建起一座宫邸，为了你，我把一些对我无用的东西都编成月亮树的模样，我的世界没有你，可到处又都是你。

你又说，爱是一棵月亮树，这一次我哭了。

黑夜，蟋蟀在树林里鸣唧。那曾经灿烂过的微笑，那曾经闪烁过的泪珠，那曾经绚丽过的紫丁香，在你和月亮树面前，都变成一片白色。

亲爱的，虽然月亮树它不结果子，虽然结出的果子也是苦涩的，但我愿意，亲爱的，我愿意是遮住月亮树的一朵悲伤的云。

——玛丽•格丽娜（美国）

向日葵

宝宝，你知道有一种花是向着太阳生长的吗？太阳在哪，它就转向哪儿，它的名字叫作向日葵。现在，我们就来欣赏一篇歌颂向日葵的优美散文。

向日葵

在我家，大家都感到奇怪：在高雅的玫瑰、杜鹃、三色堇、茉莉中间，我怎么会种平常而又土气的向日葵呢？这是因为我太爱向日葵了。

我和向日葵之间有一种相似之处，这就像一种亲缘关系，我们都渴望天空和阳光，这种渴望像一根绳一样把我们拴在一起。

它那硕大的花冠始终需要阳光，总是面朝着天空，像恋人那么固执，像饿汉那么如饥似渴！

而害怕黑暗的我，也经常亲身感受到对阳光的本能渴望，每当望着向日葵着魔似的随着太阳转，寻求着阳光，我就激动不已。所以，我爱它们：它们有着和我一样强烈需要生命、光亮和天空的愿望。

——胡安娜·伊瓦沃罗（乌拉圭）

宝宝，爸爸有话对你讲：

宝宝，人的生命中不能没有太阳，太阳给你希望、力量，帮你除去心中的阴霾。爸爸希望你长大后像向日葵那样时刻拥抱太阳，朝着光亮的方向前进。

在天晴了的时候

雨过天晴的时候，准爸爸陪着孕妈妈带着胎宝宝出去走走吧，享受雨后的清新万物，踏着雨滴的痕迹，去逗弄下那波光粼粼的溪水吧。

在天晴了的时候

在天晴了的时候，
该到小径中去走走：
给雨润过的泥路，
一定是凉爽又温柔；
炫耀着新绿的小草，
已一下子洗净了尘垢；
不再胆怯的小白菊，
慢慢地抬起它们的头，
试试寒，试试暖，
然后一瓣瓣地绽透；
抖去水珠的凤蝶儿，
在木叶间自在闲游，
把它的饰彩的智慧书页，
曝着阳光一开一收。
到小径中去走走吧，
在天晴了的时候；
赤着脚，携着手，
踏着新泥，涉过溪流；
新阳推开了阴霾（mái）了，
溪水在温风中晕皱，
看山间移动的暗绿——
云的脚迹——它也在闲游。

——戴望舒

雨过天晴，去呼吸新鲜空气，放松心情。

开始

“我是从哪儿来的？你在哪儿把我捡起来的？”孩子问他的妈妈。

她把孩子紧紧地搂在胸前，半哭半笑地答道——“你曾被我当作心愿藏在我的心里，我的宝贝。

“你曾存在于我孩童时代玩的泥娃娃身上；每天早上我用泥土塑造我的神像，那时我反复地塑造了又捏碎了的就是你。

“你曾和我们的家庭守护神一同受到祀奉，我崇拜家神时也就崇拜了你。

“你曾活在我所有的希望和爱情里，活在我的生命里，我作为母亲的生命里。

“当我做女孩子的时候，我的心的花瓣儿张开，你就像一股花香似的散发出来。

“你的软软的温柔，在我青春的肢体上开花了，像太阳出来之前的天空里的一片曙光。

“上天的第一宠儿，晨曦的孪生兄弟，你从世界的生命的溪流浮泛而下，终于停泊在我的心头。

“当我凝视你的脸蛋儿的时候，神秘之感湮没了我，你这属于一切人的，竟成了我的。

“为了怕失掉你，我把你紧紧地搂在胸前。是什么魔术把这世界的宝贝引到我这双纤小的手臂里来的呢？”

——泰戈尔（印度）

宝宝，爸爸有话对你讲：

孩子是爸爸一生幸福的开始。爸爸现在有了你，我的孩子，爸爸可以确信地告诉你，我们的幸福生活已经启航了。在幸福号上，有爷爷、奶奶、姥姥、姥爷、爸爸和妈妈，当然最不能缺少的就是你了——我们一家人最期待、最可爱的孩子，请你为我们一家人的生活摁下幸福的启航钮吧！

别踩了这朵花

没有一朵花儿不鲜艳，没有一个孩子不可爱。诗中的小黄花虽然弱小却生机勃勃，就像孕妈妈腹中的胎宝宝。虽然这会儿还很小、很娇弱，但总有一天，会长成妈妈心中的小英雄。

别踩了这朵花

小朋友，你看，
你的脚边，一朵小小的黄花。
我们大家绕着他走，
别踩了这朵花！
去年有一天：秋空明朗，秋风凉爽，
他妈妈给他披上一件绒毛的大氅(chǎng)，
降落伞似的，把他带到马路边上。
冬天的雪，给他盖上厚厚的棉衣，
他静静地躺卧着，等待着春天的消息。
这一天，他觉得身上润湿了，
他闻见泥土的芬芳；
他快乐地站起身来，
伸出他金黄的翅膀。
你看，他多勇敢，
就在马路边上安家；
他不怕行人的脚步，
他不怕来往的大车。
春游的小朋友们多么欢欣！
春风里飘扬着新衣——新裙，
你们头抬得高，脚下得重，
小心在你不知不觉中，
把小黄花的生机断送；
我的心思你们也懂，
在春天无边的快乐里，
这快乐也有他的一份！

——冰心

笑

爸爸最开心的事就是将来看到宝宝无忧无虑地笑。宝宝的笑，如同仙女的魔法棒，可以点亮满天的繁星。林徽因的《笑》一字一句如甘泉流淌纸上，诗中少女的微笑甜蜜得仿佛可以融化每个人的内心。

笑

笑的是她的眼睛，口唇，
和唇边浑圆的漩涡。
艳丽如同露珠，
朵朵的笑向
贝齿的闪光里躲。
那是笑——神的笑，美的笑；
水的映影，风的轻歌。
笑的是她惺松的鬈(quán)发，
散乱的挨着她耳朵。
轻软如同花影，
痒痒的甜蜜
涌进了你的心窝。
那是笑——诗的笑，画的笑；
云的留痕，浪的柔波。

——林徽因

宝宝畅游在准爸爸的歌声里，好舒服。

我的歌

宝宝，自从你在妈妈的腹中安家，爸爸妈妈的心中就仿佛升起了一首甜美的歌，每天的生活都因这歌声美妙起来。

我的歌

我的孩子，
我这一支歌将扬起它的乐声围绕你的身旁，
好像那爱情的热恋的手臂一样。
我这一支歌将触着你的前额，
好像那祝福的接吻一样。
当你只是一个人的时候，
它将坐在你的身旁，在你耳边微语着；
当你在人群中的时候，
它将围住你，使你超然物外。
我的歌将成为你的梦的翼翅，
它将把你的心移送到不可知的岸边。
当黑夜覆盖在你路上的时候，
它又将成为那照临在你头上的忠实的星光。
我的歌又将坐在你眼睛的瞳仁里，
将你的视线带入万物的心里。
当我的声音因离去而沉寂时，
我的歌仍将在你活泼泼的心中唱着。

——泰戈尔（印度）

教我如何不想她

天上飘着些微云，
地上吹着些微风。
啊！
微风吹动了我头发，
教我如何不想她？
月光恋爱着海洋，
海洋恋爱着月光。
啊！
这般蜜也似的银夜，
教我如何不想她？

水面落花慢慢流，
水底鱼儿慢慢游。
啊！
燕子你说些什么话？
教我如何不想她？
枯树在冷风里摇，
野火在暮色中烧。
啊！
西天还有些残霞，
教我如何不想她？

——刘半农

宝宝，爸爸有话对你讲：

宝宝，虽然你就住在妈妈的肚子里，每天爸爸都能轻轻地摸到你，可是爸爸还是好想你。爸爸希望能真正地抱着你、亲吻你，做这个世界上最幸福的爸爸。

小女孩玛莎

小女孩玛莎总渴望能摘到星星和花朵，可星星是摘不下来的。这给她的一个教训是，世界上有许多被盼望的东西是永远也不会得到的。

还好，摘花是容易的。有一天，玛莎到花园里去，看到花儿开得那么美丽，就想摘下一朵。可是，这对于才一岁多的她来说，显然不太容易。她用小手一拉，花茎就被拉断了，自己也差一点摔倒。当然，最后她摘下了这朵花，她感到很高兴，也非常骄傲。就在这时，妈妈跑过来告诉她摘花是不对的，还要她反省——当然罚得并不严重，只是让她在旁边的树下乖乖地站好。

玛莎站在树下沉思着，她手里拿着那朵花，阳光在树的周围散出一个发亮的光圈，她看上去就像是一个小小的树精灵。

小孩子的想法总是那么奇特。准爸爸要给宝宝多讲一些关于其他小朋友的故事，或许他也听得入神呢。

妈妈告诉她：“玛莎，不要把花放进嘴里。如果你不听话，小狗多多就会跑过来咬掉你的鼻子哦。”

玛莎不停地向周围东张西望——抬头看看天，又低头看看地。她所看见的是一个广大的世界——那么大，而且那么美，足够她看好一阵子。可最后她还是迷上了手里的这朵花。

她闻了又闻，可是闻不出一点儿香气。不过我们可爱的玛莎可没有就此放弃，她又有了另一种想法：“这朵花——也许是糖做的吧。”于是她便大张着嘴把这朵花送到嘴里去……

——阿纳托尔（法国）

花儿是糖做的吗？玛莎张大嘴把它送到了嘴里。

宝宝，爸爸有话对你讲：

宝宝，不管你是男孩女孩，爸爸猜你都会像小玛莎一样可爱、顽皮又有趣。你一定也有许多稀奇古怪的想法，做出许多只有孩子们才会做的事儿。不管怎样，你都是爸爸心中最可爱的宝宝。

爸爸就是问不倒的十万个为什么

- 宝宝都爱问十万个为什么，这是每个宝宝的天性，爸爸妈妈要好好培养。
- 爱问问题的宝宝最聪明，准爸爸要及时满足他的好奇心。
- 让宝宝多听科学知识，有助于他的大脑发育。

为什么会有一年四季

春季微风和煦，夏季酷热难耐，秋季天高气爽，冬季天寒地冻。四季轮回交错，万物生生不息……宝宝，你瞧大自然是多么美丽而神奇。你知道四季是怎么划分的吗？你知道四季为什么会交替往复吗？现在，就跟着爸爸一起来了解下吧。

大部分地方的人们将全年分为四个季节，分别是春、夏、秋、冬，每个季节持续 3 个月。对于居住在北半球的我们而言，春季为 3、4、5 月；夏季为 6、7、8 月；秋季为 9、10、11 月；冬季为 12、1、2 月。

那么，为什么要这样划分四季呢？这就要从地球的公转说起了。我们居住的地球不是静止不动的，它不但自转，而且时时刻刻按照一定的倾斜角（黄赤交角）绕着太阳公转。随着地球的公转，太阳直射到地球上的位置变化，地球上某一地点的昼夜长短和正午太阳高度都会发生变化，从太阳获取的热量和光照也随之不同，于是地球上就有了温度的差异，我们将此差异作为划分季节的重要参考。

以我们居住的北半球为例，夏季时，太阳的直射点在北半球，我们所在的北半球获得的热能较多，地表温度就高；冬季时，太阳直射点在南半球，北半球获得的热能较少，地表温度就低；春秋季时，太阳直射点在赤道附近，向南北回归线移动，我们会感觉到温度适中。

地球绕太阳公转周期约为一年，在这一年中太阳直射点相应地在南北回归线间往返移动，这也就是为什么四季会交替往复出现的原因。

星星为什么会眨眼睛

宝宝，爸爸妈妈带着你在夜晚散步的时候，总能看到夜空中美丽的繁星。那些小星星就像你明亮的眼睛一样，总是一眨一眨地看着爸爸妈妈，仿佛在微笑。

宝宝，你知道小星星为什么会眨眼睛吗？它们真的是在微笑吗？现在，就让爸爸来讲给你听吧。

虽然我们在晚上看到天空中的星星，总是一闪一闪的，好像在眨眼睛。但其实，星星根本没有眨眼睛，这也不是我们自己在眨眼睛，这完全是地球周围的大气层所造成的。

我们生活的地球被厚厚的大气层包围着，它既看不到也摸不着但却真实存在着，而且很不安稳，随时随地都在活动：热的空气上升，冷的空气下降，这边的空气少了，那边的空气就会赶过来补充。

我们所看见的夜空中闪烁的繁星，其实大部分是与太阳一样燃烧着的巨大的气体大球，它们在几十亿千米外的外层空间向各个方向发射光线。光线在被我们看到前，必须穿过地球大气层的不同空气层才能到达地球。大气层动荡不定，导致光束边缘发出的光波要通过不同厚度的空气。这就造成光波到达地面时的不同步，所以就变得忽闪忽闪的，好像在向我们眨眼睛了。

宝宝，爸爸有话对你讲：

宝宝，爸爸可以想象到你出生后一定是个爱问问题的小家伙。现在爸爸就开始给你讲一些百科知识，来锻炼你聪明的小脑袋，你可要认真听哦。

花儿为什么会有香味

宝宝，你今天过得好吗？爸爸和妈妈带你出去散步了，路边的月季花开了，你闻到香味了吗？你知道那么好闻的香味是怎么来的吗？

花的香味来源于花瓣中有一种油细胞，它会不断分泌出带有香味的芳香油。花开的时候，芳香油就会随着水分一起散发出来，这就是人们闻到的花香啦！

各种花所含的芳香油不同，所以散发出的香味也不一样，有的浓郁，有的淡雅。自然界中还有一些花，虽然它们的花瓣中没有油细胞，但闻上去也有阵阵香味。原来，它们的细胞中含有一种分解后一样会产生香味的物质。天气晴朗、温度升高的时候，花瓣中芳香油散发得比较快，飘得也比较远，所以香味会比较浓一些。同样的道理，如果是阴雨天，芳香油飘得就相对较慢，闻起来就没有晴天时那么浓烈。

有些花，如夜来香多在夜晚开放。夜晚空气湿度越大，花瓣的气孔就张得越大，芳香油也挥发得越多，所以它们晚上散发出的香气要比白天更纯、更浓。这就是人们为什么称它为夜来香的原因。

等以后你来到这个世界上，爸爸会带你去认识各种各样的花儿，让你闻不同花儿的芬芳，和爸爸一起感受大自然的神奇与美丽。

宝宝，爸爸期待与你共嗅花香。

植物的种子

宝宝，上次爸爸告诉你花儿为什么会有香味。其实花儿在开放之后不久还会结出种子。那么植物的种子有什么用呢？让爸爸来给你解答吧。

我们平时看到的花花草草，还有各种各样的树木，大部分都是植物的种子变来的。

种子落在土里，有适宜的阳光、水分、氧气等自然条件，就会发芽长大，长成我们看到的花草树木。这样，种子就延续了某一生物种类的生命。当然，不同植物的种子长的模样不同，喜欢的土壤环境不同，适宜的温度不同。不管是什么样的种子，只有在合适的环境条件下才能生根、发芽，最后长成茁壮的植物。如果条件不符合小种子的生存要求，那么它就不会发芽，永远也变不成美丽的植物了。

而且宝宝，你知道吗，有些植物的种子还可以吃呢！比如向日葵的种子、板栗树的种子，就是我们吃的瓜子和板栗，它们不仅含有非常丰富的营养，而且味道还特别香甜可口，是很不错的食物呢！

宝宝，爸爸有话对你讲：

宝宝，咱们来个约定吧，有一天，你要和爸爸一起种下一粒种子，为它浇水，看着它发芽、开花，结出果实，我相信这个过程你一定会喜欢。

为什么冬天会下雪

孩子的童年生活总是伴随着无数的疑问，比如冬天会好奇，天上飘下来的那一片一片洁白冰凉的小东西是什么？为什么叫它雪花？为什么只有冬天才会下雪？你的宝宝将来同样也会问到这些问题，准爸爸赶紧出马解释一下吧！

雪花形成在一种既有冰晶又有过冷水滴的云体里，这种云称为冰水混合云。在这种云体内，过冷水滴不断蒸发成水汽，水汽源源不断地涌向冰晶的表面，在那里凝结落脚，使冰晶逐渐增大形成雪花。

雪花形成后便向下飘落，在飘落的过程中碰上其他雪花时，常常黏附在一起，慢慢变大。遇到上升气流时，小雪花上升的速度比大雪花快，小雪花赶上大雪花发生粘连。就这样，几经反复，便逐渐成为直径达几厘米的像棉花又似鹅毛的雪团。

当空气中的上升气流再也托不住这些雪团时，它们便从云层中飘落下来，如果这时低层空气的温度在0℃以下，雪团降落到地面，就成了我们见到的皑皑白雪啦。

下雪不仅是冬天特有的自然现象，还能帮助净化空气、减少环境中的有害细菌，雪后的空气总是格外的清新干净。下雪对第二年农作物的成长也有好处，雪落到地面最后化成了水，滋润了大地，为来年植物的生长提供了良好的土壤条件，所以人们都说“瑞雪兆丰年”呢！

等宝宝长大了，爸爸和你一起堆雪人。

鱼儿为什么离不开水

宝宝，你看小金鱼在水里游来游去，可好玩了，可是它们为什么总得待在水里？它们就不能从鱼缸里出来跟大家一起玩吗？让爸爸告诉你其中的原因吧。

宝宝，你看哦，这个是小金鱼的鳃，鳃盖下面布满了鳃丝，小金鱼就是靠这些鳃丝吸收溶解在水中的氧气来维持生存，这跟我们人类要吸收空气中的氧气维持生命是一个道理。

由于鱼的鳃丝是一条一条的，在水里才能将鳃丝充分展开。如果离开了水，鳃丝就会粘到一起，使吸收氧气的面积减少，小金鱼就会因氧气不足，喘不过气来。所以呢，小金鱼是不能离开水的。宝宝，你以后可不能调皮，把小金鱼从鱼缸里捞出来玩哦。

宝宝，爸爸有话对你讲：

宝宝，将来你见到这个大千世界后，一定有许许多多的问题要问。你会发现“为什么”无处不在。爸爸希望你都勇敢地问出来，更要主动地寻找答案，开动自己的小脑筋，自己解决疑问。

水就是鱼儿的家，妈妈的肚子也是宝宝的家。

为什么月亮总在不停地变化

为什么月亮总会偷偷地改变，有时候像香蕉一样弯弯的，有时候又像脸盆一样圆圆的呢？这可是一个棘手的问题，宝宝你想知道吗？

月亮既不会发光也不会发热，我们之所以能看到皎洁的月光，完全是靠反射了太阳的光芒。

月亮每天都围着我们生活的地球不断地转。如果月亮绕到了地球和太阳中间，月亮正对着地球的那一面就完全照不到太阳光，就不会反光，我们也就看不到它了。

等到月亮慢慢地换个位置，从月亮反射的太阳光到达了地球，我们也就能看到它了。这以后，它能反射到地球的太阳光越来越多，我们见到的月亮就越来越大。

当月亮向着地球的这一面全部照到太阳光的时候，我们就会看见一个滚圆的月亮。不过再往后，月亮向着地球的这一面，又有一部分慢慢地照不到太阳光了，于是我们看到月亮又渐渐地变小了。

就这样，月亮的位置不停变化，我们看到的月亮形状也就循环地发生变化。

袋鼠妈妈的育儿袋

胎宝宝在妈妈的肚子里一天天茁壮成长，不久的将来就要离开妈妈的肚子，真正降临到这个世界上了。但是世界上有一种小动物，出生之后还要在妈妈的育儿袋里待很久，那就是小袋鼠。这是为什么呢？让爸爸来给宝宝解释下吧！

宝宝，你知道吗，袋鼠妈妈是将自己的宝宝放在育儿袋里养育的。小袋鼠刚出生的时候非常弱小，还不能很好地在外部世界生存。于是他只好依靠本能爬进妈妈身上的育儿袋里吃奶、睡觉，一直长到 6~7 个月才开始短暂地离开育儿袋，学习独立生活。一旦遇到危险，小袋鼠就会马上跳进妈妈的大袋子里，由妈妈带着逃离危险。等到了安全的地方，他才会从妈妈的大袋子里探出小脑袋。值得一提的是，只有雌性袋鼠才有育儿袋，雄性袋鼠是没有育儿袋的，也就是说只有袋鼠妈妈才有育儿袋。

袋鼠这种小动物主要分布在澳大利亚和巴布亚新几内亚，将来等你长大了，爸爸会带你去澳洲看小袋鼠，爸爸猜你一定会很喜欢！

宝宝，爸爸有话对你讲：

宝宝，你是不是觉得袋鼠妈妈的袋子很好玩？你现在也是待在妈妈的肚子里，这是由于你的身体正在发育，还不能够完全适应外界的环境，所以需要在妈妈的肚子里继续成长。等你的身体可以适应外面的世界，就可以从妈妈的肚子里出来了。

舌头为什么能尝出味道

宝宝，现在的你是不是偷偷喝过羊水？那可是你的舌头尝到的第一种味道。不过为什么舌头能尝出味道呢？这个就让爸爸来告诉你吧。

我们的舌头能尝出味道，是因为舌头上面有个秘密武器，叫作味蕾，它是味觉的感受器。正常成年人有一万多个味蕾，绝大多数分布在舌头上，口腔的腭、咽等部位也有少量的味蕾。人吃东西时，味蕾受到不同味道的刺激，将信息由味神经传送到大脑味觉中枢，这样，我们就能品尝出味道了。

一般来说，小朋友的味蕾比较多，所以味觉肯定会比爸爸的味觉更加灵敏。等你出生后可以吃辅食的时候，爸爸妈妈会让你品尝不同的食物，到时候你就会发现山楂真的好酸呢，酸得牙齿都要掉了！而蛋糕真甜呢，下次看到还想吃。万一生病了要吃药，那你就会体验到什么是苦了，那滋味可真不好受，吃过一次就再也不想吃了。

宝宝，这一切都很有趣吧。不过值得一说的是，蔬菜和水果可以保护我们的味蕾，所以，为了品尝到更多的味道，你要多吃蔬菜和水果，做个不挑食的乖宝宝哦！

看到别人吃酸酸的食物，爸爸妈妈也会流口水呢！

鸡蛋为什么一头大一头小

宝宝，你知道鸡蛋为什么是一头大一头小的吗？这里面可是很有学问的，现在就让爸爸来为你讲讲吧。

鸡蛋大头一面是空的，这原本是一个充满空气的小空间，叫作“气室”，小鸡在孵出来的时候，这个气室有着非常重要的作用。一枚受精的鸡蛋经过大约三周的孵育，小鸡就要破壳而出了，当小鸡快出来时，它的头就在鸡蛋大头的一面，它用嘴穿入气室，开始直接呼吸气室内的空气。

鸡蛋的形状还与小鸡在蛋中的状态有着密切的关系，小鸡破壳而出时，是靠自己的嘴啄破蛋壳并用力挣扎出来。啄蛋壳的时候，小鸡不但头和脖子都要用力，脚也需要有支持的地方。鸡蛋小头的壳，正好是小鸡两脚的支撑点。这有点像我们坐在椅子上，如果想要站起，必须站在地板上才能站起来，地板就是我们身体的支撑点。如果蛋壳是圆的，或者是长长的，小鸡就不容易撑起身体将蛋壳啄破，所以过圆和过长的蛋，就很难孵出小鸡来。

还有一个有趣的说法，鸡蛋一头大一头小，是为了母鸡生蛋时更容易，如果太圆的话，母鸡妈妈生起来可就困难啦！

宝宝，爸爸有话对你讲：

一枚小小的鸡蛋，如果细心观察也能发现它的奥妙，很有趣吧。宝宝，爸爸希望你能一直保持一颗好奇心，对各种事物进行细心地观察，用自己的眼睛和心灵去探索这个丰富的世界。

动物冬眠

动物冬眠的方式多种多样：蜗牛用自身的黏液把壳密封起来；蛇喜欢集体冬眠。绝大多数的昆虫，在冬季到来时不是“成虫”或“幼虫”，而是以“蛹”或“卵”的形式来冬眠。熊冬眠时最有趣，它们呼吸正常，有时候还会跑到山洞外溜达几天再回去接着睡。更为神奇的是，母熊冬眠醒来后，可能会发现身边还躺着一两只活泼可爱的小熊，这显然是冬眠时生下的。

动物冬眠的时间长短也不同，西伯利亚东北部的东方旱獭，一次冬眠可以睡 200 多天，而俄罗斯的黑貂，一年却只有 20 天的冬眠时间。

冬眠，是变温动物避开食物匮乏的寒冷冬天的一个“法宝”。冬眠时，动物的神经可以进入麻痹状态。比如刺猬冬眠时，不吃也不动，也不怎么呼吸，心跳也慢得出奇，每分钟只跳 10~20 次。如果把它浸到水里，半个小时也没有生命危险，可是当一只醒着的刺猬浸在水里两三分钟后，就会致命。

另外，冬眠时，动物体温显著下降。一般来说，动物在冬眠过程中，每昼夜只能放出 2.09 焦耳热量，但在它苏醒后，兴奋的时候，每昼夜则能放出 176 焦耳的热量。由此可见，冬眠动物体温下降时，机体内的新陈代谢过程变得非常缓慢，仅仅能维持他的生命。

在冬眠动物的血液中，有一种能诱发冬眠的物质。实验还表明，冬眠时间越长的动物，这种物质诱发冬眠的作用越强烈。在动物的血液中，还存在着另一种与冬眠物质相对抗的物质。这种物质在血液中达到一定量时，就会使冬眠的动物苏醒过来。

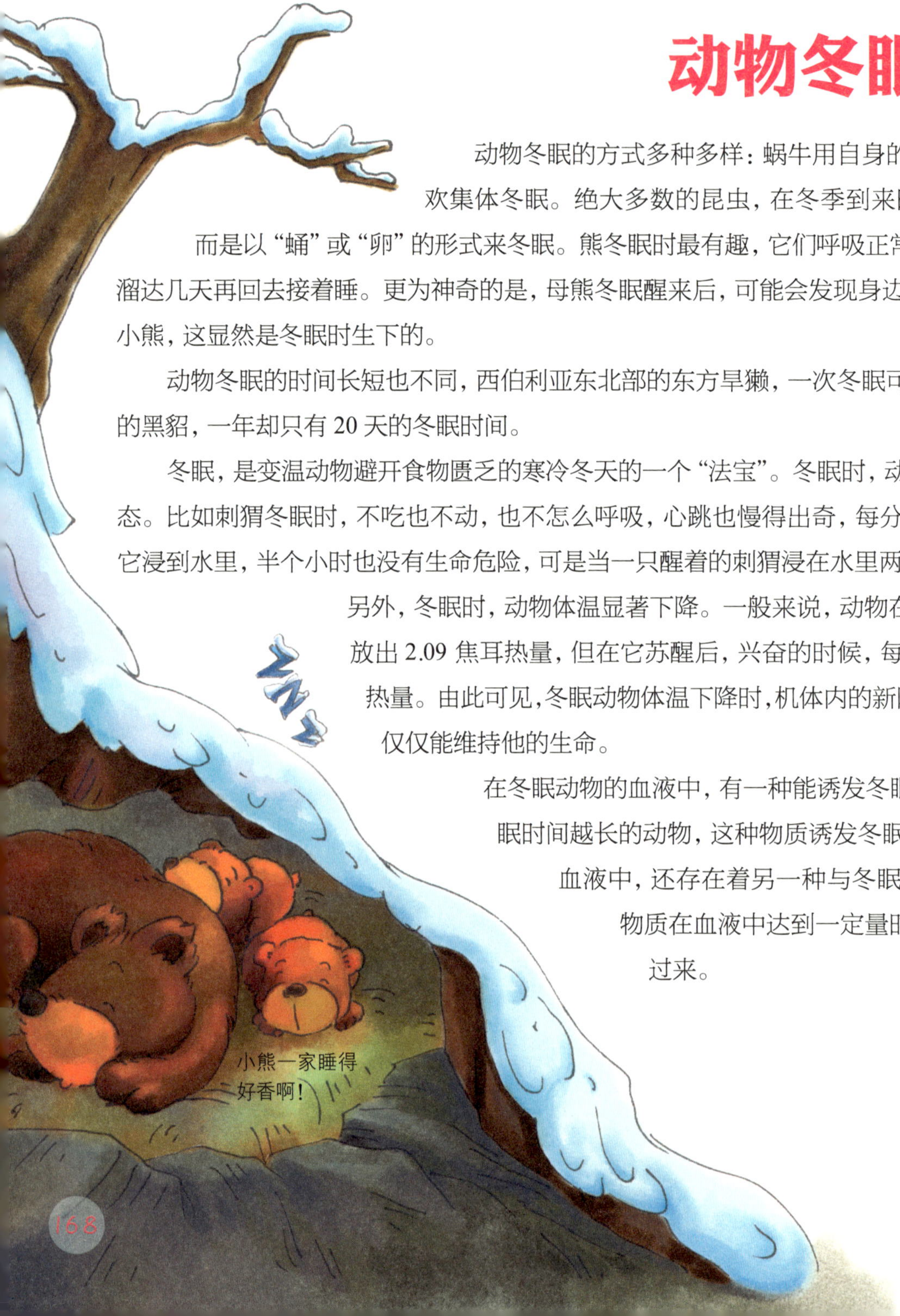

大象

宝宝，你还没有见过大象，他们是一种长着长长的鼻子、非常可爱、体型巨大又比较温顺的动物，让爸爸来给你讲讲关于大象的一些知识吧。

大象有长长的象牙，脚掌上有厚厚的软垫。大象可以用鼻子闻气味，也可以用鼻子捡东西。

大象生长得很慢，但是寿命也很长，可以活到 60~80 岁。公象长到大概 13 岁的时候就会离开象群，然后他独自生活，或者和其他公象组成小群体生活。

象群里的领导是年纪最大的母象，她带着象群寻找有水和食物的地方。

大象的怀孕期是最长的，大约要 22 个月。小象胚胎需要大约 16 个星期才能长出象鼻子，而象鼻子长度超过腿，就要用近 1 年的时间。刚出生的小象也非常重，有 100 千克左右。

小象一直吃母乳 3~5 年，直到他的弟弟或妹妹出生。

小象有的时候会躺在地上睡觉，但成年后大多站着睡觉。一只成年大象每天排出的粪便重量可能比一个 5 岁的小朋友还要重。大象非常喜欢一块儿用泥浆洗澡，泥浆虽然黏黏的，但它能让大象不会被晒伤，并且还能阻止虫子叮咬。

别看大象个子大，看起来笨笨的，却是个游泳能手。他们在游泳时，把鼻子当作通气管。大象非常喜欢游泳，有的甚至会在大海里游泳。当走到水深的地方时，成年大象会把小象举起来往前推，帮助小象过河。

动物世界还有许多有趣的现象，准爸爸一点一点讲给宝宝听吧。

宝宝，爸爸有话对你讲：

宝宝，动物园里就有可爱的大象，爸爸期待跟你一起去看。

最安心的胎教就是陪伴

- 陪伴是最好的爱，也是最让妈妈和宝宝安心的胎教。
- 每天只要几分钟，哪怕什么也不说，妈妈和宝宝也会感到很舒服。
- 陪伴不仅是很好的胎教，也能进一步增进夫妻感情。

你的陪伴，胜过千言万语

怀孕后由于体内激素的改变，孕妈妈的心理易产生变化，会产生委屈、伤感等情绪。此时准爸爸首先要控制好自己的情绪，不要让妻子激动，要多理解、包容妻子，并及时给妻子安慰，让自己成为消除妻子不良情绪的良方。

在她心情不好的时候，递过去一个削好的苹果，或者送上一个亲密的拥抱，都能很好地缓解妻子不良的情绪。尽量每次都陪妻子去产检，告诉她，怀孕之后无论她变成什么样子，你都会一如既往地爱她、保护她、关心她、照顾她等。

准爸爸陪伴多一点，孕妈妈更快乐。

甜言蜜语每个妈妈都想听

孕妈妈可能平时很坚强、独立，但怀孕是特殊时期，体内的激素发生变化，过去一贯独立的她可能会变得脆弱，但又羞于向准爸爸要求更多体贴、关爱，这时候准爸爸就要自己主动，每天都跟她说一些甜言蜜语，让她知道自己不是一个人在“战斗”。

所以在这十个月，准爸爸要懂得用语言表达自己的心声。怀孕对孕妈妈来说是一件多么不容易的事啊，准爸爸宜多多鼓励、赞美孕妈妈。每天晚上临睡前，准爸爸把手放在妻子的腹部说：“爸爸很爱宝宝和妈妈。”或者当孕妈妈为穿不上孕前的漂亮衣服而沮丧时，由衷地赞美她现在的样子依然很美，对于孕妈妈来说，这是一件很快乐的事，能减轻她孕期的心理不适和担忧情绪。

当孕妈妈心情烦闷时，准爸爸可以主动约孕妈妈一起出去，看个电影、吃个饭，丰富孕妈妈的生活，并努力发现孕妈妈的变化和闪光点，毫不吝啬地给予赞美。在准爸爸这样贴心的照顾中，孕妈妈肯定会非常开心，感觉自己是一个很幸福的孕妈妈。

陪妻子产检，听宝宝的心跳

漫长的孕期时光，因为有了准爸爸的陪伴，显得格外珍贵和甜蜜。当孕妈妈真正把怀孕当成一种享受的时候，她和胎宝宝是最健康的。

陪同自己的妻子去做产检是义不容辞的责任，不但可以在精神上给妻子安慰，而且也可以让她感受到你对她的爱和责任，陪她去做产检说明你爱护她，关心她，关心你们的宝贝，这样你的妻子心里就会觉得温暖，心情也会好。孕妈妈心情好了，肚子里的胎宝宝也就会发育得好，所以陪妻子产检不但可以体现一个男人的责任心，还能为将来有一个健康的宝宝奠定基础。

另外，陪妻子去医院做产检，可听到胎宝宝的心跳，或透过超声波亲眼看到胎宝宝，这是一种很美妙的体验，还能给孕妈妈安心、幸福的感觉；若有不乐观的情况出现，也能共同分担、商量，并立即做出适当的决定。

宝宝，爸爸有话对你讲：

宝宝，爸爸陪着妈妈去产检，第一次听到了你的心跳，这是爸爸听过的最动听的声音。

监督孕妈妈做运动

准爸爸陪伴孕妈妈的时候，可以根据妈妈的身体状况监督她适当做一些运动。合理的运动能帮助妈妈控制、管理体重，有益于分娩，还能减缓身体不适，促进宝宝身体发育。准爸爸们动起来吧，带动孕妈妈和宝宝，一起度过一个健康的十月之旅。

准爸爸监督孕妈妈做运动时，要告诉孕妈妈跳跃、扭曲或快速旋转这样的运动千万不能做，以免发生危险。在进行运动的时候，还要让孕妈妈注意衣服样式要宽松，穿合脚的平跟鞋。准爸爸还要提前准备好水和小零食，在孕妈妈需要补充水分和能量时及时送上。

准爸爸陪孕妈妈做产检，可以提前见到宝宝的小模样。

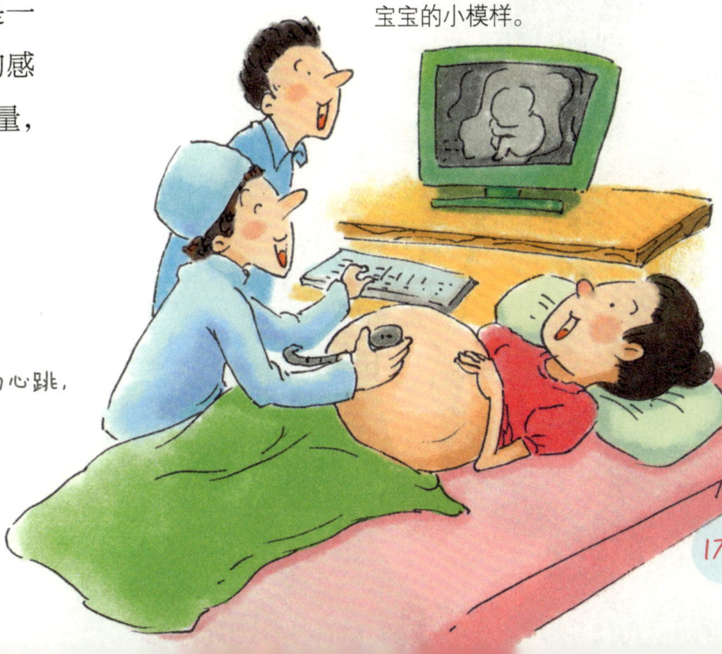

饭后一起散个步吧

孕妈妈散步时，准爸爸最好能陪伴在身旁。夫妻二人不仅能享受散步带来的宁静美好，孕妈妈还能享受准爸爸对自己体贴周到的照顾，这样孕妈妈身心状态俱佳，对胎宝宝也是一种良好的情绪胎教。

散步要避开车辆高峰时期，此时空气污染严重，对孕妈妈和胎宝宝都不利。散步的最佳时段是饭后，职场孕妈妈吃过午饭后可以在单位附近空气较好的地方散步。

每天散步 30 分钟就可以起到孕妈妈和胎宝宝共同锻炼的效果。一般来说，每周最好散步 3~5 次，孕妈妈也可以根据自己的身体状况进行适当的调节。

绿色植物多的地方最适合孕妈妈

如果条件允许，最好选择绿色植物较多、尘土较少、噪声较低的地点，比如公园、河边、小路边等。这些地方空气清新，氧气含量高，是散步的最佳场所。如果没有以上条件，也可以找一些车辆相对较少的街道散步。

另外还有一些散步时的小事项，准爸爸要留意。

留心天气：如果遇到雨、雪、雾等天气，应暂停散步活动。夏天和冬天应注意防暑、防寒。

留意路线：避开车多、人多和台阶、陡坡的地方，穿上便于散步的衣服。衣服不要过于紧身，鞋跟不要太高，最好是软底的运动鞋。

带点白开水和零食：以便孕妈妈随时补充体力，也可随身携带手机，以防出现意外情况。

如果孕妈妈身体状况允许，准爸爸可以准备行囊，带上孕妈妈去旅游，放松一下身心。

带上妻子和宝贝，美美地去旅游

准爸爸如果有空，可以带上孕妈妈和宝宝去旅游。只要准备充分，一家三口完全可以享受一段美好浪漫的旅程。

孕中期，孕妈妈和胎宝宝都进入了相对的稳定期。孕妈妈的早孕反应已经消失，腹部的隆起虽然对孕妈妈的行动有些影响，但还没有到非常不便的地步，无论是乘坐飞机，还是坐车都没什么问题，此时是孕妈妈最适宜出门旅行的时期。

细心准爸爸如何筹备三口人出行

孕妈妈在旅行前要做好充分的准备工作。先去医院看一次医生，将整个行程与医生沟通，听取医生的意见。最好准备一些宽松、舒适的衣裤和鞋袜，带一个舒服的枕头或软垫在途中使用。还要随身携带孕妇产前检查手册、保健卡，以及平时做产前检查的医院和医生的联络方式，这一点很重要，可以帮助孕妈妈应对一些紧急状况。

孕妈妈的饥饿会伴随怀孕全程，特别是在旅行的时候，由于舟车劳顿，时间上的不可掌控性使得孕妈妈更容易饥饿。一旦感觉到饥饿，孕妈妈会有头晕、身体乏力等症状。旅途中，准爸爸应时刻准备些小零食以备不时之需，如全麦饼干、果仁等。

如果孕妈妈是坐车，尽可能每小时在服务区或安全的地方停一次车，站到地上轻轻地伸展双腿和双臂以缓解疲劳。如果是乘飞机，遇到身边的位子是空的时候，可以在征求乘务员同意的情况下，将腿平放在座位上，并用手按摩脚踝和小腿肌肉，以缓解肢体疲劳，促进血液循环。

宝宝，爸爸有话对你讲：

宝宝，爸爸陪着妈妈到郊外旅行，让我们一起感受大自然的美丽与神奇。

抚摸胎教
——爸爸的手掌好温暖

- 准爸爸经常做抚摸胎教，宝宝出生后会跟你更亲密。
- 胎宝宝最喜欢温柔的抚摸，准爸爸不要太用力呀。
- 一边抚摸一边和胎宝宝说话，更有利于胎宝宝发育。

抚摸胎教让宝宝更活泼

通过抚摸，可以锻炼胎宝宝的皮肤触觉，并通过触觉神经感受体外的刺激，促进大脑细胞的发育，让宝宝更聪明。

抚摸胎教具有良好的互动性，能激发胎宝宝活动的积极性，促进运动神经的发育。经常受到抚摸的胎宝宝，对外界环境的刺激做出的反应更灵敏，出生后运动发育更有优势。喜欢运动的宝宝，性格会更活泼，适应外界环境的能力也更强。

感受爸爸手掌的温度

到了孕中期，胎宝宝的胎动会越来越明显，准爸爸温暖、宽厚的大手能让胎宝宝感觉到爸爸离他很近很近，准爸爸与孩子之间的感情自然更深了。准爸爸不如固定一个时间，一边为胎宝宝讲故事、讲百科，一边给他做做“按摩”。

准爸爸的抚摸，不仅使胎宝宝感受到父母的关爱，还能使准妈妈身心放松、精神愉快，也加深了一家人的感情。

爸爸，做抚摸胎教可要轻柔点哦

准爸爸做抚摸胎教的时候，要记住一定要轻柔点。胎宝宝在妈妈腹中还无法承受过大的压力，这会让他感到不舒服。准爸爸轻柔地抚摸孕妈妈的肚子，胎宝宝才会感到舒服与安心。

1. 抚摸胎教应有规律，每天两次，在固定时间进行。

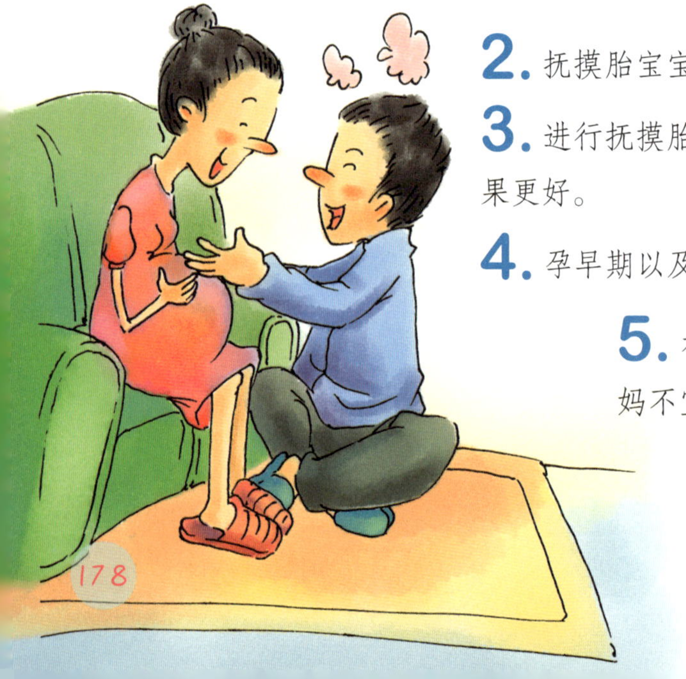

2. 抚摸胎宝宝前，孕妈妈应排空小便。

3. 进行抚摸胎教时，如果能配合对话胎教和音乐胎教等方法，效果更好。

4. 孕早期以及临近预产期时不宜进行抚摸胎教。

5. 有不规则宫缩、腹痛、先兆流产或者先兆早产的孕妈妈不宜进行抚摸胎教，以免发生意外。

踢肚子游戏，父子俩之间的小秘密

到了孕中晚期，越来越清晰和频繁的胎动会让孕妈妈感到非常高兴和兴奋，当她向准爸爸表达这种激动的心情时，准爸爸应该积极回应，和孕妈妈一起分享这种喜悦。

宝宝喜欢听爸爸讲故事、读诗歌，更喜欢和爸爸一起做一些有互动的小游戏——踢肚子游戏就是最简单易操作的一种。一般怀孕 7 个月左右，是胎宝宝胎动较频繁的时期，这时可以多和胎宝宝做互动游戏。准爸爸多与胎宝宝玩互动游戏，能让胎宝宝在潜意识里感知到爸爸对他的关注，同时动作训练可以刺激胎宝宝的运动积极性和动作灵敏性。

这样玩踢肚子游戏，宝宝最开心

当胎宝宝踢孕妈妈的肚皮时，准爸爸应迅速反应，轻轻拍打一下被踢的部位，然后静静地等待小家伙的第二脚。一般在一两分钟后，胎宝宝会再踢，这时候准爸爸再轻拍几下。

这样往复几次后，停下来。准爸爸试着改变拍的地方，神奇的是，胎宝宝会向你改变的地方再踢，此时要注意改拍的位置离原胎动的位置不要过远。

这种游戏可每天进行两次，在晚上胎宝宝活跃时进行效果最好，每次数分钟即可。

为提高踢肚子游戏的趣味性，准爸爸也可以加入语言的交流。比如，在胎宝宝积极地踢孕妈妈的肚皮时，准爸爸和孕妈妈各自轻拍一下，并对他说："宝宝，猜猜哪只手是爸爸的？"或是干脆把耳朵贴在孕妈妈的肚皮上，感觉胎宝宝了不起的腿力，如果小宝宝踢中了爸爸贴的位置，准爸爸一定不要吝啬你的赞美之词。

图书在版编目 (CIP) 数据

爸爸的声音　最好的胎教 / 汉竹编著 . — 南京 : 江苏凤凰科学技术出版社, 2015.10 (2026.02重印)
(汉竹 • 亲亲乐读系列)
ISBN 978-7-5537-5089-7

Ⅰ . ①爸… Ⅱ . ①汉… Ⅲ . ①胎教 – 基本知识 Ⅳ . ① G61

中国版本图书馆 CIP 数据核字 (2015) 第166076号

凤凰汉竹
中国健康生活图书实力品牌

爸爸的声音　最好的胎教

编　　著　汉　竹
责任编辑　刘玉锋
特邀编辑　吕增芳　张　瑜　张　欢
责任设计　蒋佳佳
责任校对　杜秋宁
责任监制　刘文洋

出版发行　江苏凤凰科学技术出版社
出版社地址　南京市湖南路1号A楼，邮编：210009
出版社网址　http://www.pspress.cn
印　　刷　南京新世纪联盟印务有限公司

开　　本　715 mm × 868 mm　1/12
印　　张　15
字　　数　220 000
版　　次　2015年10月第1版
印　　次　2026年2月第52次印刷

标准书号　ISBN 978-7-5537-5089-7
定　　价　39.80元